中共湖南省委党校（湖南行政学院）科研创新资助项目

新型城镇化过程中
城乡户籍制度同步改革问题研究

Study on the Simultaneous Reform of Urban and Rural
Household Registration System in the Process of New Urbanization

唐　琼◎著

人民出版社

目　录

前　　言

　　本书主要研究新型城镇化与城乡户籍制度同步改革之间的关系,围绕如何实现城乡户籍制度同步改革这一目标展开,从基础理论、发展历程、实证模型到对策建议、研究内容主要分九章。总的来说可以分为三个部分,第一部分为第一章到第三章,是与课题研究主题密切相关的一些基础性的理论和现状研究。第二部分为第四章到第六章,是课题关涉的核心问题,即用实证方式阐述新型城镇化和城乡户籍制度同步改革的内在关系。第三部分为第七章到第八章,是在前两部分的基础上进行对策性研究,构建一个"中国城乡户籍制度改革查询模拟系统",并提出供政策制定者借鉴的对策性建议。可以把这三个部分概括为:基础性研究、核心性研究和对策性研究。

　　采取定量分析与定性分析相结合的方法,在对新型城镇化过程中城乡户籍制度进行历史分析和现实分析的基础上,通过实证方法深层次分析新型城镇化和城乡户籍制度现象的内在逻辑和机制,提出新型城镇化过程中城乡户籍制度同步改革的系统设计和制度保障,并利用 SPSS 统计软件对设计的二元结构一元化系统进行仿真研究,在技术可行性基础上,采用数据挖掘、动态系统模拟等方法,开发出一个基于GIS的中国城乡户籍制度改革查询模拟系统,以此分析和评估不同情景下中国各区域的户籍制度变化对产业进化、人口经济等社会经济指标的影响,以制定科学合理的城乡户籍制度。主要内容有:

一是新型城镇化过程中城乡户籍制度的发展历程分析。1997—2001年,全面推进小城镇户籍政策改革;2002—2012年,大城市户籍政策改革启动;2012年党的十八大至今,户籍制度改革多领域推进。户籍制度随着制度变迁体现了不同时期功能的变化,户籍制度演变过程体现了经济社会发展的一般规律。

二是新型城镇化过程中城乡户籍制度同步改革的现状分析。通过深入研究和问卷调查,发现新型城镇化过程中城乡户籍制度同步改革的问题主要有:城市发展各项社会福利资源配置存在差异、户籍制度改革具体执行力度相对不够强劲、户籍制度改革顶层设计制度体系尚不完善、现行土地制度对加快户籍制度改革有限制、大城市及特大城市户籍制度改革矛盾集中、户籍制度改革下存量流动人口落户难度大和户籍制度改革面临合理可行成本分担难题等。

三是新型城镇化与城乡户籍制度改革——基于耦合协调模型的分析。选取2014—2019年共六年的数据,通过借鉴已有的耦合理论研究,构建新型城镇化与城乡户籍制度综合评价体系和系统耦合协调模型,对两者协调发展的趋势和程度进行评价,分析我国新型城镇化与城乡户籍制度改革的发展水平以及两者之间的耦合协调水平,构建评价指标体系。新型城镇化系统通过"三生"即生产、生活、生态协调发展三个方面构建。城乡户籍制度改革通过户籍状况、生活状况和保险保障三个方面构建。根据耦合协调水平分析得出,整体来看,我国新型城镇化过程与城乡户籍制度改革过程呈稳定的线性关系,两系统呈现高度的关联性与协同性,随着时间的推移,两项改革不断深化,发展水平不断提高。2018 年的耦合协调水平虽仍为良好,但其数值已十分接近优质协调水平,呈现稳中有升、前景向好的发展态势。2019 年两系统耦合协调度为0.9315,达到优质协调水平,意味着改革均进入攻坚期,需进一步挖掘城乡户籍制度改革的内涵与潜力,调整不协调因素,使其推动作用得到充分释放,不断实现与新型城镇化过程的优质协调发展。

四是新型城镇化过程下城乡户籍制度改革的影响因素及实证分析。通过城乡户籍制度与城乡居民收入差距、劳动力市场的相关性分析,采用 logit 模型进行分析可知,东部地区小时工资差异相比中部地区小,在东部地区,较高的城乡一体化水平与城乡差距缩小之间形成了较好的良性循环。经比较,中部地区新型城镇化水平较低,城乡居民收入差距明显,城市户口歧视也更加明显。西部地区由于居民收入水平普遍较低,城乡户籍居民小时工资的绝对差距也较小。

五是新型城镇化下城乡户籍制度的系统设计及制度保障分析。以决策支持系统理论为依据,构建一个"中国城乡户籍制度改革查询模拟系统"。对全国户籍制度改革的内涵进行分析和综合,采用数量评估的方法找出户籍改革可行的方案,为系统设计提供依据。本系统的功能主要包括数据查询、数据处理和数据可视化等。对数据查询,系统可以用图表等形式表达不同省份历史时期的社会经济人口数据。对于数据处理,系统采用模型库的模型,通过参数输入、生产函数设定、效用函数设定、人口函数及能源结构等参数的设定,动态反映经济稳定增长情景下的中国户籍制度变化对就业水平、工资水平、社保水平、经济社会发展等指标变化的影响,并根据需要设定不同的参数,模拟不同情景,开展不同情景的比较分析,为政府相关人员提供决策参考。对于数据可视化,主要包括一般图表表示和空间可视化表示,前者以折线图或二维表来反映模型处理结果或情景比较结果,后者通过 GIS 技术,对模型数据进行空间可视化处理,通过专题地图等形式反映数据的空间分布规律及转移动态。

六是新型城镇化过程中城乡户籍制度同步改革的目标及建议。新一轮户籍制度改革的目标是将农业转移人口市民化,是由中央政府主导,地方政府以及各部门共同配合实施的全方位的户籍制度改革。提出新型城镇化下加快城乡户籍制度同步改革的建议,大力提高中小城市对农业人口的吸纳能力、"以人为本"导向调整大城市积分落户制度、完善户籍制度顶层设计均衡城市福利分配、合理构建跨区域的"人地增减挂钩"制度、实施分散型城镇战略解决过度城市化问题、有序推进实施农业转移人口市民化战略和建立多方共同参与的多元成本分担机制。

导　　论

随着新型城镇化的推进,我国社会结构发生了深刻变化,城乡户籍制度同步改革,革除的是不合时宜的制度藩篱,破除的是长期形成的利益壁垒。进一步推进户籍制度改革,是党的十九大在新起点上坚持全面深化改革的重要内容,是一项牵一发而动全身的基础性改革,事关工业化、信息化、城镇化和农业现代化同步发展,事关社会公平正义和亿万人民福祉,事关全面建成小康社会伟大进程,因此,全面、系统、深入研究我国新型城镇化进程中的城乡户籍制度同步改革,具有重大的战略意义。

第一节　国内外研究综述与研究价值

一、国外城镇化过程中户籍制度的相关文献综述

自 20 世纪 50 年代刘易斯模型建立以来,由农村劳动力转移促进城乡二元经济结构转换的研究成了国外学者的研究主线。研究成果形成了发展经济学上四个经典的模型:一是刘易斯模型

（1954），将经济增长过程、工业化过程以及人口流动过程紧密结合在一起分析。二是拉尼斯—费景汉模型（1961），认为发展中国家农业部门，存在数量巨大的剩余劳动力。三是乔根森模型（1961），创建了一个新的二元经济发展模型。四是托达罗人口流动模型（1970），提出城乡居民的预期收入差异是农业劳动者向城市迁入的主要动机。

刘易斯（Lewis A.）指出，在一个工业、农业共存的二元经济结构中，如果工业系统能够提供超过农业系统最低生活标准的工资水平，那么农业系统的劳动力和资源就会积极地流入工业系统。[1]

通过对许多国家城市化进程的研究，钱纳里（Chenery）、赛尔昆（Syrquin）提出了"多国模型"理论，阐述了"城市化率"与"人均国内生产总值"之间的相互关系，以及人口迁移的原因，但在此次研究中其对研究主体的能动性研究不太充分。[2]

博兰尼（Polany）认为，农村人口与城市的磨合程度受三个方面的影响：第一，城市对农村人口是否具有包容性；第二，城市是否能接受农村人口的素质与生活方式；第三，城市是否能够给予农村人口一定的归属感。[3]

理克特斯（Ricketts）和萨森（Sassen）指出，资本、商品、科技、信息等国际性交流促进了人口的迁移，同时指出这一系列交流也给各国的人口管理带来了新的压力。[4]

---

[1] Lewis A., "Economic Development with Unlimited Supplies of Labour", *The Manchester School of Economic and Social Studies*, Vol.22, No.2, 1954, pp.139-191.

[2] ［美］钱纳里：《发展的型式1950—1970》，李彩华等译，经济科学出版社1988年版，第68页。

[3] 钱锦：《西方学者关于移民城市适应性研究的理论综述》，《理论界》2010年第3期。

[4] 李明欢：《20世纪西方国际移民理论》，《厦门大学学报（哲学社会科学版）》2000年第4期。

古丁（Goodin）认为，人口制度变迁分为突变式、进化式、政治设计式三种形态。[①]

通过对人口管理模式的研究，国外学者提出了"二元经济结构"的理论，并通过模型从不同的角度揭示了"二元经济结构"转换的方式和规律，为发展中国家城乡户籍制度的制定和二元经济结构转换提供了理论依据。

二、国内城镇化过程中户籍制度的相关文献综述

（一）新型城镇化过程中城市发展研究

新型城镇化加强城市建设和管理，关键在于实现人口与土地高度融合与协调发展。姚士谋等（2011）指出，中国城镇化发展已偏离了循序渐进的原则，快速工业化导致土地的蔓延和无序的扩张，超出了城镇化的正常发展轨道，是一种"急速城镇化"，城镇化率虚高、水土资源过度消耗、毁地占地现象严重、生态污染严重等是其主要表现。为了遏制这种现象继续发展，我国对待城镇化发展问题应当实事求是、以科学发展观为指导思想，制定符合国情的发展战略。[②]中国人口与发展研究中心课题组（2012）指出，人口城镇化将是我国社会发展的基本趋势，将对我国未来的繁荣发展有重大影响；目前，我国面临人口城镇化滞后于工业化与土地城镇化，户籍人口城镇化率滞后于常住人口城镇化率的尴尬局面，要把深化改革的主导力量转向人口城镇化，推动户籍制度改革，扩大就

---

① Coates D. Robert E. Goodin（ed.），"The Theory of Institutional Design"，*Public Choice*，Vol.95，No.1-2，1998，pp.214-218.

② 姚士谋、陆大道、王聪：《中国城镇化需要综合性的科学思维——探索适应中国国情的城镇化方式》，《地理研究》2011 年第 11 期。

业,提高城镇化质量与水平,走有中国特色的城镇化道路。① 丁守海(2014)指出,城镇化从多个角度对农村劳动力的供给积极性造成影响,它普遍提高了非农产业的劳动需求,但对非农产业的劳动需求并不是绝对性的改善,从而造成农村不同的就业格局,依托中心城市辐射效应协同发展的地区与脱离城市孤立发展的地区相比,其非自愿性失业率明显低于后者,因此,如何促进产城融合是乡镇层面推动城镇化亟须解决的问题。②

新型城镇化过程中的城市发展应该以人的城镇化为核心,走内涵式城镇化发展道路。

蔡昉(2010)指出,为了推进我国城镇化发展,政府机构鼓励经济增长方式正在转变为更多、更好、更均等的社会服务,进而促进城乡居民社会保障的提升。③ 陈斌开、林毅夫(2013)通过对省级数据进行研究,指出过去“优先重工业发展战略”是导致城乡收入差距扩大,城市化水平低的主要原因,需要以推进城镇化为抓手,优化产业结构,增加就业机会,改善人居环境,提升社会保障,通过城镇化与工业的协调发展,促进实现“人的城镇化”。④ 谭明智(2014)以土地财政变革为视角,他认为过去围绕以土地的发展模式和指标会产生一系列政府行为,使国家与农民之间的关系发生了一定程度上的改变,造成了城镇化进程缓慢的结果。⑤

---

① 中国人口与发展研究中心课题组,桂江丰、马力、姜卫平、王钦池、张许颖、陈佳鹏、王军平:《中国人口城镇化战略研究》,《人口研究》2012 年第 3 期。

② 丁守海:《中国城镇发展中的就业问题》,《中国社会科学》2014 年第 1 期。

③ 蔡昉:《刘易斯转折点与公共政策方向的转变——关于中国社会保护的若干特征性事实》,《中国社会科学》2010 年第 6 期。

④ 陈斌开、林毅夫:《发展战略、城市化与中国城乡收入差距》,《中国社会科学》2013 年第 4 期。

⑤ 谭明智:《严控与激励并存:土地增减挂钩的政策脉络及地方实施》,《中国社会科学》2014 年第 7 期。

（二）外来流动人口融入城市研究

我国学者对于外来流动人口融入城市作出多种假设论证。第一种是以田凯（1995）为代表的"再社会化论"，他认为流动人口适应城市生活的过程是再社会化的过程，具有滞后性、渐变性、长期性、兼容性、差异性[①]；第二种是以马西恒（2001）、夏耕（2004）、周大鸣（2000）、吴敬琏（2003）为代表的"新二元关系论"，他们提出本地人和外地人在社区中形成了二元社区，两者之间是一种从排斥逐步走向兼容的关系[②]；第三种是张文宏（2008）提出的"递进融合论"，他认为文化融合、心理融合、身份融合、经济融合是影响外来流动人口社会融合的四个因子，同时通过实证研究进一步证明外来流动人口融入城市过程中的心理融合程度、身份融合程度、文化融合程度、经济融合程度呈依次递减现象[③]，因此，外来流动人口良好地融入社会需要外来流动人口、本地居民、政府等多方努力；第四种是杨菊华提出的"多维融入"概念，她认为"融入"比"融合"更适合形容外来流动人口融入城市的现象，这种"融入"具有动态、渐进、多维、互动的特点，同时指出外来流动人口融入城市以经济融入为出发点，经过行为融入、文化融入，最后到达身份融入的目的。[④]

以此为基础，学者运用定量分析方法，从经济、社会、心理三个

①　田凯：《关于农民工的城市适应性的调查分析与思考》，《社会科学研究》1995年第5期。
②　吴敬琏：《当代中国经济改革》，上海远东出版社2003年版，第88页。
③　张文宏、雷开春：《城市新移民社会融合的结构、现状与影响因素分析》，《社会学研究》2008年第5期。
④　杨菊华：《从隔离、选择融入到融合：流动人口社会融入问题的理论思考》，《人口研究》2009年第1期。

层面,对外来流动人口融入城市进行研究。在经济层面上,大量学者认为,外来流动人口作为城市建设的中坚力量,在城市融入过程中存在城市经济发展贡献量大而城市经济发展享受量小的矛盾局面,外来流动人口经济待遇(工资收入低、工作时间长、工作环境差、社保缺失、就业歧视)与城市原住居民经济待遇存在大的差距,经济融入还远未实现;同时外来流动人口的多数收入以储蓄汇款的方式流入家乡,从侧面表明了外来流动人口融入城市的积极性不高。在社会层面上,学者指出,有血缘或亲缘关系的老乡仍是外来流动人口在城市交流交往中的主要对象;与城市主流社交持续性互动低、社会团体参与度少、参加社区选举等政治活动罕见,是外来流动人口融入城市社会层面的主要特点,缺少以组织为载体,引领外来流动人口积极参与城市的社会融入;从社会的角度看,外来流动人口属于一种"无归属群体",文化团队、社区团队、福利团队等社会群体都极少顾及这一群体,在外部交流上也呈"内倾式"的特点,无论是生活还是工作,外来流动人口更愿意和老乡或是其他地区的农村人口交流,这一交流倾向进一步阻碍了城市人口与外来流动的接触以及城市文化对外来流动人口的影响,造成了外来流动人口在社会层面上交流的"封闭"。通过现有的文献可以发现,在心理层面上大部分外来流动人口认为自己已经适应了城市生活,但这种适应仅停留在经济或交流上的适应,与心理或身份层次的适应还相差甚远。

综上,国内学者对外来流动人口融入城市做了大量的实证研究,以下两大观点获得学者的普遍性支持:一是外来流动人口融入城市是多维度的,并主要集中于社会、经济、文化、心理等几个方面;二是通过实证研究发现,外来流动人口在城市社会融入低,与城市原著居民处于相对隔离状态。

（三）新型城镇化过程中户籍制度改革的必要性研究

户籍制度改革是目前我国众多学者所关注的热点问题,随着城镇经济的发展,越来越多的城市对地方户籍制度进行改革,一系列新的户籍制度也随之实施。地方对于户籍制度改革具有局限性,为推动新型城镇化的进一步发展,学者们主要从经济、社会的角度,对户籍制度改革的必要性进行大量分析与探讨。

国内一些学者从经济视角对户籍制度改革的必要性进行阐述:王国新(2014)认为,社会主义市场经济是公平、自由、平等的,"二元"的户籍制度形成的城乡分治格局,造成社会资源的严重浪费,为使生产要素达到最优配置,需要对当前户籍制度进行改革,保障人力、物力及财力的自由流动是其中的重要一环。[1] 陈学法(2009)指出,我国的户籍制度、土地制度严格限制了劳动力、土地的自由流动,政府干预下的人口迁移、土地流动无法为城市化、工业化的发展提供长期的劳动力,反而造成了城乡二元结构关系进一步恶化的局面,只有通过户籍制度改革,才能促进城乡一体化发展的形成。[2] 张士斌通过对物力资本与人力资本进行迭代模型分析,得出结论指出绝大多数农村居民得不到其应有的社会资源,导致了城乡收入差距的逐年扩大,当前的户籍制度是人力资本累积以及经济增长的一个"障碍"。[3] 姚洋认为,户籍制度改革对提高

[1]　王国新、樊玉梅:《当前我国户籍制度改革存在的问题及对策》,《新疆大学学报(哲学·人文社会科学版)》2014年第5期。
[2]　陈学法:《二元结构变迁中的户籍制度与土地制度变革》,《宏观经济研究》2009年第12期。
[3]　张士斌:《户籍制度与经济增长中的贫困陷阱》,《开放导报》2009年第1期。

经济效率、优化经济结构起关键性作用,户籍制度改革甚至取消户籍制度,能够使人口自由地流动,从而市场经济得到更大的增长。[①] 孙小民从消费结构入手,他认为现行的城乡二元制度将城市与农村分裂成了两个部分,城市聚集了大量的工商业与先进技术,而绝大多数农民却被限制在有限土地保持着以手工业为主的生产方式,城市居民在消费观念、生产方式上具有明显的优越性,长期以来,城市与农村、工业与农业无法形成良性循环,使消费结构的升级、经济的发展受到限制。[②] 马云福指出,我国过去的户籍制度变迁动力并不是在于农村人口融入城市生活,而主要在于工业化发展与城市建设,这决定了过去的户籍制度难以满足农民进城生活的愿望,难以兼顾城乡统筹发展。[③] 李强认为,我国新型城镇化建设的重点在于农村人口的市民化,二元的户籍制度是阻碍其发展的主要因素,它使得市民化进程受到直接影响。[④] 张忠潮认为,以行政手段控制人口正常流动的传统户籍制度,埋没了我国农村具有充足劳动力资源的优势,影响了城乡协调发展,也使农村的第二、第三产业发展受到冲击。[⑤]

国内的学者同时也从社会视角对户籍制度改革的必要性进行阐述:吕云涛以农民工为例,认为现行的二元户籍制度限制了农民自由迁徙的权利,农民工作为城市建设的重要组成部分,却由于户籍制度被"分割"在城市外,当前的户籍制度造成了社会地位不平

① 姚洋:《户籍制度改革与城镇化若干问题研究》,《中国市场》2013 年第 31 期。
② 孙小民:《我国户籍制度改革的原则及路径选择》,《商业时代》2012 年第 7 期。
③ 马福云:《中国户籍制度变迁及其内在逻辑》,《北京科技大学学报(社会科学版)》2013 年第 1 期。
④ 李强、胡宝荣:《户籍制度改革与农民工市民化的路径》,《社会学评论》2013 年第 1 期。
⑤ 张忠潮、刘德敏:《论传统户籍制度对农业产业化的影响》,《经济体制改革》1999 年第 S1 期。

等、人口流动不自由以及城镇化进程不畅通的现状,也是近年来全国频发"民工荒"的首要原因。① 杨礼琼从社保的角度指出,当前户籍制度使得城乡居民在就业权利、教育培训、福利待遇等方面存在着带有歧视性的不平等,它阻碍了社会的公平公正,为消除这种不平等,国家亟须对户籍制度进行改革。② 丁玮从教育的角度进行分析,指出目前城乡二元化的户籍制度使公民享受不到平等的教育权利(农民工子女上学难)。③ 陈维涛从就业的角度指出,城乡居民收入差距扩大的主要原因在于当前户籍制度下就业机会的不平等,户籍制度改革可以通过建立一元化劳动力市场,消除从业者的身份歧视现象。④ 李晓飞从空间的角度指出,现行的户籍造成的显著社会性差异不仅体现在城乡之间,同时体现在不同城市之间,甚至在同一城市不同行政区之间。⑤ 俞德鹏从社会稳定的角度指出,二元的户籍结构造成了城乡居民社会地位的不平等、经济收入的差距、社会保障的不同,这必然会使对当地城市建设有巨大贡献的外来务工人员产生不满情绪,甚至在当外地务工人员的合法权益被不法市民所侵犯时,会直接诱发"外来民工犯罪"的现象。⑥ 辜胜阻从人口流动的角度指出,传统的户籍制度阻碍了人口流动,滞后了城镇化进程,闭塞了乡村社会,加剧了二元结构,造

---

① 吕云涛、惠亚婷:《论当代中国统筹城乡发展背景下户籍制度改革的路径》,《农业考古》2012 年第 1 期。

② 杨礼琼:《从社会保障视角审视我国户籍制度改革》,《改革与开放》2009 年第 3 期。

③ 丁玮、王卓:《浅谈中国户籍制度对公民身份的影响》,《经济研究导刊》2010 年第 19 期。

④ 陈维涛、彭小敏:《户籍制度、就业机会与中国城乡居民收入差距》,《经济经纬》2012 年第 2 期。

⑤ 李晓飞:《中国户籍制度变迁"内卷化"实证研究》,《广东社会科学》2013 年第 1 期。

⑥ 俞德鹏、陈智慧、汪海军:《城乡二元社会结构与城市外来民工犯罪》,《浙江社会科学》1999 年第 2 期。

成了不平等的社会状况,无论国家还是人民都希望推进户籍制度改革。①

(四)城乡户籍制度同步改革难点研究

城乡户籍制度同步改革能否成功,关键在于由户籍制度改革引发的相关其他政策制度能否顺利地同步改革。户籍制度改革会使得以往的利益格局破裂,利益原有者与将有者之间的冲突矛盾也随之产生,能否良好地和解两者之间的冲突矛盾将对新型城镇化的进一步推进造成直接影响,学者们主要从社会体制机制方面对城乡户籍制度同步改革难点进行研究。

张谦元、柴晓宇(2012)指出,户籍制度改革背后是整个城市治理体系改革的过程。② 辜胜阻(2014),陈钊、陆铭(2016)等指出,改革涉及户口,涉及居住证,涉及人口信息管理等多个方面,所以是一场全方位的改革,是一种整体构建。③④

王峰从人口统计的角度指出,我国人口存在流动性大、人户分离现象普遍的特点,政府很难精准地掌握人口信息,无论是农村还是城市,人口统计数据都无法完全真实地反映实际人口情况,这给户籍制度改革带来了很多不确定因素,改变人户分离的现状是进行户籍制度改革的基础。⑤

---

① 辜胜阻、成德宁:《户籍制度改革与人口城镇化》,《经济经纬》1998 年第 1 期。
② 张谦元、柴晓宇:《城乡二元户籍制度改革研究》,中国社会科学出版社 2012 年版,第 21—22 页。
③ 辜胜阻:《新型城镇化与经济转型》,科学出版社 2014 年版,第 35 页。
④ 陈钊、陆铭:《迈向社会和谐的城乡发展:户籍制度的影响及改革》,北京大学出版社 2016 年版,第 75 页。
⑤ 王峰:《我国户籍制度改革的困境与完善途径》,《郑州大学学报(哲学社会科学版)》2013 年第 6 期。

马瑞以城市的承载力为视角,他认为,城市的承载力是有限的,为了保障城镇化的健康发展,户籍制度改革必须是一个循序渐进的过程,如果直接取消二元的户籍制度,会引发城市承载量膨胀、城市失业率增加、城市公共服务缺失、城市生态破坏等问题。①

胡宝荣(2013),冯奎、钟笃良(2013),杨莉芸(2013)等从社会保障的视角提出,户籍制度改革的重点在于淡化过去依附于户籍制度上的福利制度,只有逐步建立和完善出一个独立的社会保障体系,分离社会保障与户籍之间的关联,恢复户籍制度的原本属性,这种彻底的改革才能推进我国城镇化的进一步发展,让每个公民都能平等地享受现代化成果。②③④

尹希果(2013)从土地角度指出,户籍制度改革的过程中,必然会涉及农民复杂的土地问题,而政府当前并没有提出具体的措施来为解决土地问题做准备。⑤ 许经勇认为,地方政府依靠土地城镇化获得巨额的收益,而农民进城会使政府的财政负担加重,"地"的城镇化与"人"的城镇化分离推进是当前大部分地方政府的城镇化模式,这是造成"人"的城镇化滞后于"地"的城镇化的主要原因,政府需要转变职能,从经济型政府转变为服务型政府,才能为推进城镇化提供体制条件。

① 马瑞:《户籍制度改革的进程、现状及问题思考》,《中国集体经济》2010 年第 7 期。
② 胡宝荣:《论户籍制度与人的城镇化》,《福建论坛(人文社会科学版)》2013 年第 12 期。
③ 冯奎、钟笃粮:《完善基本公共服务体系促进户籍制度改革》,《中共中央党校学报》2013 年第 1 期。
④ 杨莉芸:《农民工市民化的户籍制度障碍——一个制度分析框架》,《山东农业大学学报(社会科学版)》2013 年第 1 期。
⑤ 尹希果、马大来:《农民和企业合作经营土地的演化博弈分析——基于不完全契约理论》,《农业技术经济》2012 年第 5 期。

(五)户籍制度发展阶段研究

俞德鹏对我国各个朝代户籍制度的特点进行分析总结,他指出从古至今,我国户籍制度的功能从以征派徭役为目的逐渐到单纯地以人口统计为目的慢慢转变,户籍制度改革是一个逐渐促进资源均等分配的过程。①

有学者对新中国成立后我国户籍制度改革不同阶段进行划分。刘贵山认为,我国户籍制度发展经历了五个阶段:1949—1957年的自由迁移阶段;1958—1978年的严格控制人口迁移阶段;改革开放十余年,户籍制度随市场经济调整阶段;20世纪90年代,初步改革阶段;21世纪,户籍制度深化改革阶段。② 马福云将我国户籍制度划分为两个阶段:1951—1977年以城乡分治为特征的形成阶段,1978年至今以二元户籍制度为特征的改革阶段。③

(六)新型城镇化过程中户籍制度改革途径研究

新型城镇化背景下以哪种途径对户籍制度进行改革是我国学者目前争论的热点问题。总体而言,分为渐进论、取消论、剥离论三种形式。

蔡昉(2005)、李慧娟(2009)指出,为了避免影响城镇化进程的推进,城乡正常社会市场遭到破坏,新的社会问题滋生,我们不能急于求成,贸然改革,必须走渐进式的户籍制度改革道路。

也有激进的学者认为取消论更适合我国的户籍制度改革,他

---

① 俞德鹏:《现行户籍制度与城乡平等化进程》,《学习与探索》1995年第1期。
② 刘贵山:《1949年以来中国户籍制度演变述评》,《天津行政学院学报》2008年第1期。
③ 马福云:《中国户籍制度变迁及其内在逻辑》,《北京科技大学学报(社会科学版)》2013年第1期。

指出不管是政治资源,或是经济收入,还是职业阶层都与户口的阶层相关,在当今社会现状下,任何人都可以不迁户口而存在"人"个体的自由流动,因此,当前的户籍制度不仅对人口的调控起不到实质性作用,还造成了社会阶级的差别,应当直接取消二元的户籍制度,同时他认为,在一元化的户籍制度体系下,城市并不会因为大量的外来人口涌入而产生贫困现象。①

剥离论是学者们最为普遍赞同的观点。他们认为,户籍制度功能的异化是造成如今弊端的主要原因,当前户籍制度改革是一个对其弊端进行剥离,恢复户籍制度最初功能(人口登记)的过程,多年的户籍制度改革没有取得大的成效,主要原因在于没有将当前户籍制度上的利益进行实质性的剥离。

综观国内外已有的研究成果,单一研究城乡二元经济结构和农民工城市融合问题的文献较多,但从新型城镇化过程中分析城乡户籍制度同步改革的问题较少,且仅限于定性描述,缺乏实证研究。因此,从内生角度系统地探析,用实证分析方法探讨新型城镇化过程中城乡户籍制度同步改革,对转型时期的城乡户籍制度设计提供参考价值,既是摆在我们面前的一个重要课题,也是学术界亟待开拓的一个全新研究领域。

三、独到的学术价值和应用价值

(一)学术价值

新中国成立以来,我国学术界对城乡户籍制度同步改革的深

---

① 陆益龙:《户口还起作用吗——户籍制度与社会分层和流动》,《中国社会科学》2008 年第 1 期。

入探讨研究不足,而从新型城镇化过程中研究城乡户籍制度同步改革问题的非常少,本书将开拓全新的领域,有较强的学术价值,城乡户籍制度同步改革的着力点不在于将户籍与各种社会福利剥离开来,而是赋予常住人口依据居住证享有更多社会福利的资格,事实上强化了户籍制度的社会治理功能,有助于拓展社会学和经济学的研究领域,完善城乡户籍制度同步改革,变革城乡二元结构体制,建构公平正义的社会制度;有助于加速推动农民工融入城市的进程;有助于城乡统筹,建设和谐社会目标的顺利实现。

(二)应用价值

目前,我国户籍制度改革已经扬帆起航。按照党的十九大全会最新精神,户籍制度改革会加快步伐,可以期待,随着我国户籍制度改革措施逐步落实到位,户籍人口城镇化速度将会加快,以人为中心的城镇化将会变得更加完全,公共服务将会更加均等地惠及每个人。因此,在新型城镇化过程中,有序推进农业转移人口市民化、建立新型户籍制度是一个重要问题,有较强的现实应用价值。

第二节　研究内容

一、研究对象

城乡户籍制度同步改革,是由传统的城乡分割的二元户籍制度,过渡和改革为城乡统一的一元户籍制度,打破"农业人口"和"非农业人口"的户口界限,使公民获得统一的身份,充分体现公民有居住和迁移的自由权利,剥离、剔除黏附在户籍关系上的种种社会经济差别功能,真正做到城乡居民在发展机会面前地位平等。现实的问题是,户籍制度的"瓶颈",诸如人口城镇化难以推进、相关政策体系改革滞后、城乡社会福利待遇不公平等,成为城镇化建设的制度"瓶颈"。如果城乡户籍制度同步改革不能在农民身份、农民权利、就业发展机会等社会不平等方面进行突破,那么新型城镇化建设就不能成功,因此新型城镇化中城乡户籍制度同步改革是一项长期工作。如何完善"城乡户籍制度同步改革"是主要研究对象。即建立城乡统一的户口登记制度,这意味着以"农业"和"非农业"区分户口性质的城乡二元户籍制度将成为历史,由此衍生的蓝印户口等户口类型也将作古,今后每一位中国公民的户口均统一登记为居民户口,体现户籍制度的人口登记管理功能。

二、基本观点

(一)户籍制度改革不是将户籍与各种社会福利剥离开来

重点是赋予常住人口依据居住证享有更多社会福利的资格,事实上强化了户籍制度的社会治理功能。

(二)户籍制度改革以人口规模来确定各类城市落户政策

户籍落户不与城市行政级别直接挂钩,不仅符合各地实际,而且也有利于各地因地制宜地确定落户政策,还有利于引导人口在大中小城市和小城镇有序落户。

(三)户籍制度同步改革需建立城乡统一的户口登记制度

不再区分农村娃与城市娃,标志着城里人和农村人身份上的统一,打破了几十年来城乡分割的户籍壁垒,建立与统一城乡户口登记制度相适应的教育、卫生计生、就业、社保、住房、土地及人口统计制度,逐步实现城乡居民平等享有公共服务和社会福利待遇。当然,由于城乡发展不平衡,居住在农村的居民与居住在城里的居民原先存在的待遇差别的消除,需要有一个过程,需加快推进基本公共服务均等化、加快推进城乡一体化发展,还要加快推进农村土地确权、登记、颁证,维护好农民的土地承包经营权、宅基地使用权和集体收益分配权。

三、重点难点

(一)重点

新型城镇化过程中城乡户籍制度的改革过程;城乡户籍制度产生和演变的制度供给分析;加强改革"顶层设计",城乡户籍制度同步改革的制度保障。

(二)难点

城乡户籍制度同步改革的政策建议,需要大量的实地经验数据,具有创新性和首创性;新型城镇化与城乡户籍制度相关性分析;城乡户籍制度同步改革情况的量化分析。

四、主要目标

(一)研究方法多学科融合

城乡户籍制度同步改革问题不仅涉及面很广,而且错综复杂,需要跨学科、多层面分析才能逐步看清问题的本质。因此,城乡户籍制度同步改革研究需要继续借鉴社会学、经济学、政治学、法学等相关学科的相关概念、理论以及方法,多层面、多角度地开展研究。

(二)理论研究实现新突破

由于城乡户籍制度现象植根于不同的国家和文化背景,因此,归纳不同社会文化背景中城乡户籍制度同步改革发展的理论、经验和研究成果,加强跨地区、跨文化的实证研究,增强横向比较研究,是未来研究的一大趋势。

(三)加快城乡户籍制度同步改革

城乡户籍制度同步改革涉及经济、社会、就业、政治、文化和生活各个层面,通过开展调研,了解城乡户籍制度同步改革在经济、社会、生活等方面造成的不良影响及如何防范,并通过财政、民生工程、制度创新等来解决城乡户籍制度同步改革的问题,其中要重点研究如何通过土地和二元结构一元化等制度的联动改革来解决城乡户籍制度同步改革的难题。

第三节　思路方法

一、基本思路

本书采取定量分析与定性分析相结合的方法,在对新型城镇化过程中城乡户籍制度进行历史分析和现实分析的基础上,通过实证方法深层次分析新型城镇化和城乡户籍制度现象的内在逻辑和机制,提出新型城镇化过程中城乡户籍制度同步改革的系统设计和制度保障,并利用 SPSS 统计软件对设计的二元结构一元化系统进行仿真研究,在技术可行性基础上,采用数据挖掘、动态系统模拟等方法,开发出一个基于 GIS 的中国城乡户籍制度改革查询模拟系统,以此分析和评估不同情景下中国各区域的户籍制度变化对产业进化、人口经济等社会经济指标的影响,以制定科学合理的城乡户籍制度。

二、具体研究方法

采用多学科结合分析的研究方法,同时突出以下四个方面:一是突出城乡户籍制度同步改革的特殊性;二是注意规范研究和实证调研相结合;三是定性研究和定量分析相结合;四是多学科的交叉渗透与方法创新。

(一)变量界定

1. 因变量:城乡户籍制度的情况

从户籍状况(用农村人口数、城市人口数和人户分离人口数等指标衡量)、生活状况(用城乡居民人均可支配收入差异、城乡恩格尔系数差异、商品房销售面积、社区服务机构数量、城镇新增就业人数和农民工数量等指标考察)、保险保障现状(基本养老保险参保人数、基本医疗保险参保人数、工伤保险参保人数等指标评价)等方面分别测量。

2. 自变量:新型城镇化进程

新型城镇化进程可分解为"三生"空间,分别是城镇生产空间的集约高效程度、城镇生活空间宜居适度和生态空间山清水秀程度。

城镇生产空间集约高效程度:第二、第三产业产值比重、人均GDP、GDP增长速度和固定资产投资增长率等指标考察;

城镇生活空间宜居适度:常住人口城镇化率、城镇登记失业率、税收增长率和CPI增长率等指标测试;

生态空间山清水秀程度:人均公共绿地面积、建成区绿化覆盖率、单位GDP能耗、空气质量达标城市率等指标评价。

(二)确定调查对象

城市外来人口、城市内部居民、城市管理相关部门等。

(三)资料收集方法

为深入了解新型城镇化进程中,户籍制度改革的现状与存在的问题,本书以问卷调查法为主,深入访谈法、观察法、文献法为辅的方式收集研究资料。设计了新型城镇化过程中户籍制度改革问卷调查。通过网上和深入北京、福建、南京、湖北、湖南内长沙、株洲、湘潭、邵阳、益阳、湘西等地的城乡发放了约1000份调查问卷,发现新型城镇化过程中城乡户籍制度同步改革的主要问题,并从中选择20户和相关部门进行深入的个案访谈。发现调查问卷初稿、访谈提纲及访问技术方面的问题,进一步修改问卷和访谈提纲。

(四)资料处理方法

本书拟采用SPSS统计软件包对所收集的量化数据进行统计分析,运用"内容分析技术"简化深入访谈获得的定性资料。对外来人口尤其是农民工群体与本地城市居民的权利义务、福利状况、就业收入等进行对比,帮助更好地解释农民工在城市里的弱势地位以及城乡二元结构的分割状态。

第四节　研究视角理论方法上的创新

一、研究视角重点挖掘新型城镇化与城乡户籍制度的联系

借用新政治经济学的理论和工具,以新型城镇化背景为切入点,分析国内外城乡融合发展的历史演变过程,并寻找新型城镇化与城乡融合发展的内在联系,为在新形势下科学制定城乡融合发展政策提供重要依据。

二、理论建构了基于 GIS 中国城乡户籍制度查询模拟系统

构建理性政府决策模型,利用SPSS统计软件对设计的二元结构一元化系统进行仿真研究,开发出一个基于 GIS 的中国城乡户籍制度改革查询模拟系统,以此分析和评估不同情景下中国各区域的户籍制度变化对产业进化、人口经济等社会经济指标的影响,对实现城乡融合的体制机制进行分析,对推进新型城镇化进程和制定城乡户籍制度提供量化指标和评价依据。

三、研究方法运用 SPSS 统计软件与数理模型相结合分析

在新型城镇化视角下,引入经济学的计量分析方法,并运用 SPSS 统计软件与数理模型相结合的方法来分析城乡户籍制度问题,为制度研究提供一种新的研究方法。

第一章　新型城镇化过程中城乡户籍
制度的发展历程

　　当前,作为促进经济增长的新引擎——新型城镇化发挥着举足轻重的作用,而户籍制度改革又是推进新型城镇化进程的关键步骤。党的十八大报告首次提出通过户籍制度改革推进城镇化建设,实施新型城镇化战略。党的十九大报告提出合理流动配置的制度性障碍,破除户籍制度造成的劳动力市场分割。二元户籍制度是一个特定时期的制度建设,其目的是支持一条特殊的工业化道路。在新中国成立初期的经济发展状况之下,二元户籍制度有其存在的合理性,并在一定程度上为社会发展作出贡献。然而,在新型城镇化进程发展的实践中,户籍制度本身的二元结构及其附加利益,提高了农民进城的门槛,农村人口在城镇定居落户的自由受到严重限制,二元户籍制度已成为中国新型城镇化发展的制度性障碍。[①] 为加快户籍制度改革的实施,国务院于 2014 年颁布实施了《关于进一步推进户籍制度改革的意见》,户籍改革的深化

---

　　① 姚洋:《户籍制度改革与城镇化若干问题研究》,《中国市场》2013 年第 9 期。

21

由表及里,并紧锣密鼓地开展了与之相关的一系列的改革举措。改革的本质是让公民平等享有公共服务权利,保障农村人口的各项权益,真正落实以人为本的新型城镇化战略。

第一节　户籍制度及新型城镇化概述

一、户籍制度及其理论基础

每个制度都是基于当时代特定的历史条件及社会发展需求而形成并确立的。

(一)户籍与户籍制度的概念

在《辞海》中,"户籍"被解释为"一种进行居民户口登记的簿册籍"。户籍的两个基本属性内容分别为:身份定位和地域定格。户籍为界定家庭出身和地域方位提供依据,并成为居民社会身份的凭证。

在人口和社会活动方面,我国采用户籍制度进行管控的渊源由来已久。最初的户籍制度,其管理单元是一家一户,且直接与土地权益挂钩。在现行的户籍制度中,管理单位转变为单个人,是国家进行依法采集、确认、登记公民信息,以及对所采集的资料进行立户、分类、划等和编制的基础。在现实社会中,法律法规的执行、行政管理的落实都有赖于户籍制度。

户籍制度有狭义和广义之分。狭义的户籍制度主要指:登记人口信息的人口管理制度。主要包括出生登记、死亡登记、迁入登记、迁出登记、常住登记、暂住登记、变更登记7项。户籍制度最基础的功能即人口统计,各级政府可以实时快速地了解和更新人口信息。除了户籍管理基本的人口信息管理功能外,还涉及与之相关的社会管理体制,使得户籍具有身份等级划分、利益分配和资源配置的功能。户籍信息为确认公民个人身份提供依据,也为政府进行资源分配提供基础信息。

在现实生活中,户籍制度不仅限于人口信息登记和管理的功能。由于我国是城乡分化制的户籍制度,户籍制度人为地带上了不平等的色彩,造成城乡居民在教育、就业、医疗等方面产生了差异,形成了倾向城市的社会保障体系。这是具有中国特色的社会制度之一。本书是以广义的户籍制度为立足点,对与户籍相关的一系列社会管理制度进行分析探讨。

(二)户籍制度的内容

目前的户籍制度涵盖了广泛的领域,包括身份证管理制度、户口登记制度和户口迁移制度三大块。[①] 在日常生活中,居民身份证管理制度和户口登记制度是最常见的。在新型城镇化过程中,农业转移人口市民化的转变,户口迁移制度起着关键作用。

1. 身份证管理制度

居民身份证制度的主要作用:一是规范使用居民身份证;二是实现有效管理身份证。身份证有证明公民身份的法律效力,其最突出的作用是对公民身份的识别,是有效保护公民合法权益的一项重要措施。同时,身份证管理制度也推动我国社会管理和行政工作的实施,为促进经济繁荣并建立良好社会秩序提供保障。

---

① 张晨郁:《我国现行户籍制度功能定位的重新审视》,《商业时代》2009 年第 9 期。

2. 户口登记制度

户口登记制度是确认和登记公民身份,并及时更新人口信息的人口管理制度。户口登记制度有利于其他人口管理工作的开展,表现为户口登记的收集、整理、登记并更新为基础的人口信息的功能。户口登记以户口统计和户籍档案管理为基础,包括常住人口登记和暂住人口登记两大类。

3. 户口迁移制度

户口迁移是指居民改变常住地之后,把户口迁至当前常住地的行为。作为特定时期的产物——二元户籍制度促进了时代的发展。但是,随着制度环境的改变以及新型城镇化的提速,户口迁移制度呈现出一定弊端,进一步扩大了城乡差异。

(三)研究的理论基础

我国实行城乡分割的户籍制度,即"农业户口"与"非农业户口"的二元户籍制度。捆绑在户籍制度下的各项权益更偏向于非农业人口,导致农村人口和城市人口在现实生活中的诸多不平等,造成长期以来很多人以"城里人"自居。因此,深入变革当前的户籍制度,是由现实国情决定的,也实现社会公平的必由之路。

1. 城乡关系理论

由于人口根据户籍制度里的农业和非农业两种属性进行了划分,致使农业人口和非农业人口在社会福利与公共服务存在差异性。非农业户口居民拥有比农村户口居民更优质的公共资源,享有更多的发展就业机会,享受更丰富的津贴补助。户籍已成为福利分配的基础。在历史发展过程中,传统的农业国家在经历工业

革命后,转向城镇化发展的初期,其城镇数量少、规模小、资源也相对比较稀缺。随着城镇化的推进,城镇劳动力短缺导致农村劳动力大量涌入城市。城镇资源稀缺状况与大量涌入的劳动力对资源的需求之间的矛盾尖锐,这种矛盾外化成城市人口与涌入城市的农村劳动力之间的对立。

2. 制度变迁理论

制度是人们之间秩序的关系集。制度经济学理论对于制度变迁的定义是,由新的利益主体主导,用新制度结构或形式改变、替代既有制度结构或制度形式的动态演变过程。[①] 制度变迁理论将新的制度诞生描述为各个利益主体在不完全信息博弈下的均衡结果。新制度变迁的实质是:在利益变化的情况下,各个利益主体对利益需求重新进行整合,用新制度取代旧制度,以实现自身利益的最大化。制度创立不是凭空产生的。我国城乡分化的户籍制度作为人口管理的基础性制度工具,它在对社会发展产生了重大影响的同时,也需要适应经济发展的真实需求。这正是制度变迁理论在户籍制度中的运用。我国户籍制度的变迁是在经济发展状况的基础上,各利益主体在比较制度变迁所带来的利益变化,进行竞争和博弈的结果。

二、传统城镇化与新型城镇化

(一)传统城镇化的内涵

在传统的城镇化过程中,政府主导和调控,其过程体现为以物

---

① 邓国禄、郑尚植:《新老制度经济学变迁理论比较研究》,《合作经济与科技》2008年第9期。

为本,不全面的、不协调的以及不可持续。① 没有考虑人类的主体地位,一味追求片面、过度的发展,并由此产生了一系列连锁反应式的社会矛盾。例如,城乡分化、传统与现代割裂、人与自然分离、劳资对立、阶层对立等。传统城镇化建设贪大求多,一味拆旧建新,扩大城区面积,致使城镇布局缺乏合理性。相对于城市发展的质量和社会效益,传统的城镇化更关注城镇化率数值的增长,存在较大局限性。因此,走传统城镇化道路的国家,在后续的经济社会发展方面均遭遇巨大的困扰。

(二)新型城镇化的内涵

新型城镇化道路不仅要结合时代特征,还要富有中国特色,更要体现自身发展的特点。农业和工业的信息化与产业化,作为城镇化内生的动力源泉。将无形的市场机制调节之手和有形的政府调控之手结合起来,作为城镇化外生的动力源泉;城市群是主体发展形态;经济高效、社会和谐、人民幸福、生态文明、城乡一体和区域协调为主要特征。② 新型城镇化突出了人的城镇化,缩小城乡差距,助推农业转移人口市民化,加速了公共服务的均等化。

(三)传统城镇化与新型城镇化的关系

新型城镇化道路并非否定传统的城镇化道路及其成就。不可否认,传统城镇化道路在推动地区经济发展的历程上产生过积极影响。然而,由于其发展理念的片面性和局限性,使其无法实现经

---

① 张润泽、禹辉映:《新型城镇化的内在要求及路径选择》,《理论导刊》2014 年第 3 期。
② 王永龙:《城乡一体化:一个"中国梦"——以安徽省合肥市为例》,《当代经济管理》2013 年第 9 期。

济又好又快的发展目标。在一定程度上,新型城镇化是对传统的城镇化去粗取精,继承发扬其积极影响,并弥补不足的过程。新型城镇化将人与地的关系进行统筹安排,走又好又快,质与量同步提高的发展之路。

发展理念的不同是两者的本质差异。传统的城镇化主要表现为"见物不见人"的"GDP 第一"的发展理念,新型城镇化坚持科学发展观,以人为本,推动城镇化全面、协调、可持续发展,并体现在发展的重点、动力、方式等多个方面转变。

三、新型城镇化与户籍制度的关系

新型城镇化对城镇化质量提出更高的要求,人口城镇化是必不可少的要求。因此,新型城镇化必然依托户籍制度改革。我国是人口大国,随着农业经济的规模化发展,农村出现了大量富余劳动力,农村劳动人口转化成市民是我国发展新型城镇化的必然之路。然而,在改革的具体过程中,由于传统的二元体制根深蒂固,以及其他的现实问题致使进城务工的农村人口与其市民化过程,二者不同步。流动人口在就业、教育和社会福利等诸多方面,与城市居民存在巨大差异。进一步深化户籍制度改革,是实现城镇化水平得到质的提升的必然选择。户籍制度改革为城镇化铺路表现在:

(一)扩大对内经济需求,推动市场经济发展

在计划经济体制时期,户籍制度是人口管理的工具。改革开放以来,在市场经济体制下,各种劳动力、资本等要素充分流动,使得旧有的户籍制度无法适应经济发展,户籍制度改革势在必行。

户籍制度引导农村人口有序地进城落户,而人口的流动必然会从各方面刺激消费需求。一方面,大量人口进入城市,吃穿住用行都离不开消费,扩大了对住房、交通、生活物品以及其他基础设施需求,进而推动开发商在商品房上的投资,国家在基础设施的投资,创造了建材类如钢材、木材、水泥的有效需求,各个行业都得到健康发展,经济得到高效运转。另一方面,根据统计,2018 年我国城镇居民人均消费支出 26112 元,增长 6.8%,农村居民人均消费支出仅为 12124 元,增长率达 10.7%。可以看出,在消费水平上,城镇居民与农村居民的消费支出水平的绝对差值较大,但农村居民消费支出的增长率高于城镇居民。在人均可支配收入水平上,城镇居民人均可支配收入为 39251 元,农村居民人均可支配收入为 14617 元。由此可推断,农村居民是潜在的消费大军。推进户籍制度改革,是要实现城市人口与农村人口在各方面的平等,推动户籍制度改革必然会提高农村居民的收入水平,进而刺激各方面的消费,扩大对内的经济需求,直接为新型城镇化的深入提供经济支撑。

(二)吸收农村劳动力,促进劳动力资源合理配置

户籍制度对居民的社会身份进行了划分,由于"农村人口"这个社会身份的制约,使得"农业户口"的城市建设者与贡献者这一群体,无法获得公正待遇,无法在流汗奋斗的城市里安家立足,成为候鸟式的农民工。户籍制度改革要破除农民身份对人口的制约,不再区分农民和市民,统称为居民,并且在教育、就业、医疗等方面享有平等的权利。户籍制度改革在合理配置社会资源方面的表现:一是政府为进城务工的农民工提供无偿的职业技能培训,

扩大其就业范围。二是提供与城市对等的农村福利待遇,引导坚守农民从事规模化、精细化的农业生产,将其培养成新型职业化农民。综上所述,户籍制度进一步的深化改革,将会使农村和城市的人口合理、自由流动,从而推动新型城镇化的进程。

(三)实现社会公平,维护农业转移人口平等享有社会权利

目前的户籍制度将人口分为城市人口和农村人口,进而在解决住房、医疗、教育、就业等问题的政策上造成极大的不均衡,形成倾向城市的福利保障制度,成为滋生社会矛盾的"定时炸弹"。改革户籍制度进行可以为农村人口提供平等的就业环境。具体而言,在就业方面,政府通过出台一系列政策让从业人员公平竞争、享有平等的工资待遇,解决农民工子女教育方面的问题,逐步吸引农业人口入城。通过一系列与户籍制度相配套的政策措施的实施,保障外来务工人员的权益,是新型城镇化人本思想的体现。

(四)完善农村土地制度,促进新型城镇化的发展

土地是当前户籍制度改革和新型城镇化推进中的重点。现行土地法规赋予农民农村土地的承包权、经营权,但随着农民工进城大潮流,农村土地大面积的抛荒和闲置,造成土地资源的浪费。[1]目前的土地管理制度没有明确规定农村土地是否可以自由交易。土地管理中的不完善的法律法规在一定程度上阻碍了农民的市民化进程。农村土地管理制度的完善是户籍制度改革推进和新型城镇化深入的前提。放宽农民处置农村土地的权限,引导农民进行

---

[1]　周维德:《农村土地承包经营权抵押:困惑及实现》,《广西社会科学》2014 年第 11 期。

自愿有偿的土地流转机制和宅基地退出机制,保障农村土地的合理利用。2016 年 10 月,国务院明确指出:对农村土地实行"三权"分置。

第二节 我国户籍制度的历史变迁及改革历程

一、历史变迁

(一)城乡二元制户籍制度的开端(1949—1956 年)

新中国户籍制度始于 1950 年《关于特种人口管理的暂行办法草案》,其关键是对重点人口的管理。同年,颁布了《全国人口调查登记办法》。

《城市户口管理暂行条例》(1951 年)适用于城市常住人口。具体要求是登记管理人口的出生、死亡、迁入、迁出等事项进行。这是新中国成立后最早的户籍法规。至此,我国基本实现了统一的城市户口管理。

《中共中央关于粮食统购统销的决议》(1953 年)指出,政府对农村所有农户实行粮食计划收购,并规定了收购和计划供应的范围。

1954 年,我国政府多部门联合发布通告,建立农村户口登记制度。

《关于建立经常户口登记制度的指示》(1955 年)的主要作用是:采用户籍来有效控制农村人口流动。文件要求是将人口以及户口变动情况,进行登记管理。各级行政单位必须实行年度户口登记制度。由此,我国城乡的户口登记工作实现了统一。同年,颁布了《关于城乡划分标准的规定》,明确将人口分为农业人口与非农业人口两种属性。至此,政府对农村人口流动的监管变得更加严格,城市和农村处于隔绝状态。城乡二元的社会管理结构已经初见端倪。

1956 年,第一次全国户口工作会议上三项户口管理任务被确立。同年规定,户口登记管理工作由公安机关接管,建立了"户警结合"的户籍管理模式。

总体而言,这一时期内,登记居住人口的个人基础信息是户籍制度的主要功能。但其功能也逐渐地变为对家庭和个人身份的界定和区分,在此基础上对人口进行分类管控。这一阶段,城市与农村的人口流动相对自由,但制度所体现出来的功能呈现放大的趋势。

(二)城乡二元户籍制度的确立(1957—1958 年)

《中华人民共和国户口登记条例》(1958 年)的实施,开启了户籍法制化管理的新征程。条例主要包括:户口迁移审批和凭证落户两项制度与程序上的安排。条例将农业人口准予迁入城市的情况分为三种:一是进城务工,并获得城市劳动部门颁发的招聘证明;二是农业户口的学生被城市学校录取,具有录取证明的;三是持有城市户口登记机关签发的准予迁入证明。在办理迁入的程序上,需要提交户口迁出地申请到常住地户口登记机构。从这一条例可以看出,在当时农村人口迁入城市只有三个途径,一是工厂招工,二是考上大学,三是在部队表现优秀,复员后分配在城市。该文件是我国第一次采取法律形式严格限制农民流入城市,控制城市间人口流动,并明确提出区分"农业户口"和"非农业户口","农"与"非农"二元格局确立。城市与农村之间从隔绝变为城市建立高墙,阻挡城乡之间的人口流动,城乡分化的经济模式由此根深蒂固。[①] 条例出台伊始,国家发展的主要任务是进行工业化建设,城市劳动力的供不应求使大量的农业人口以工厂招工的形式,进入城市。因而在 1958—1959 年,人口转移保持较高的农村迁往城市的迁移率。

(三)城乡二元户籍制度的发展(1959—1978 年)

1959—1978 年,这一阶段是城乡二元户籍制的发展阶段,户籍管理总体上处于制约迁移期。

1959—1961 年,三年困难时期致使国民经济遭受重创,农村和城市都面临粮食危机,农村出现大面积饥荒,城市粮食供应严重不足。鉴于此,中央政府出台了《关于减少城镇人口和压缩城镇粮销量的九条办法》(1961 年),以行政命令要求在 3 年内,减少 2000 万以上的城镇人口。同年 12 月,通过并实施了《关于当前户口工作情况的报告》。其具体要求是:进行户口全面彻底检查,在统计指标上,用"非农业人口户数和人数"取代"农业户数和人数"。

《关于加强户口管理工作的意见》(1962 年)的颁布,强调严格控制农村人口流入城镇,全面开放人口从城市流向农村的情况。对于想进入大城市的城市人口,要根据实际情况而制定相应的政策。在当时的背景下,许多知识分子响应国家号召,上山下乡,大

---

① 王海光:《当代中国户籍制度形成与沿革的宏观分析》,《中共党史研究》2003 年第 4 期。

量的城市人口转变为农业人口。

1963年，公安部界定了"非农户口"和"农业户口"。"非农户口"专指吃国家计划供应的商品粮的人口。"农业户口"是指吃自给粮的人口。"非农户口"是我们通常所说的吃国家粮、吃皇粮的人。此后，"农业户口""非农户口"普及化。

《公安部关于处理户口迁移的规定（草案）》（1964年）出台，主要是严格限制人口向上级市镇的迁移，它不仅包括农业人口迁入城市、集镇，还包括集镇人口迁入城市。此规定完全封堵了由农村进入城镇的道路。

1966—1976年，十年"文化大革命"动荡，经济发展遭受重创，人民生活物资极其紧缺。因而户籍管理工作的重点，依旧是严格控制农民迁往城镇，以缓解城镇物资供应不足的状况。

1977年颁布的《关于处理户口迁移的规定》，标志着户籍管理制度的完整形成。该文件首次提出"农转非"概念，并规定了处理户口迁移的基本原则。之后，又出台控制"农转非"的指标措施。措施规定：每年批准转为非农户口和准予迁入市镇的指标，不得超过批准市镇非农人口数的0.15%。"农转非"指标化提高了户口潜在的价值，某种程度上，城市户口自带的属性让社会等级意识得到加强。

这一阶段我国政府在户籍制度管理方面，制定和颁布的一系列政策法规，对人口的流动作出限制，城乡分化的户籍制度也被赋予更多的附加价值。① 客观地说，这些限制性政策在推动经济发展，控制人口从而维护社会稳定方面的作用显著。但随着经济的

---

① 黄锟：《深化户籍制度改革与农民工市民化》，《城市发展研究》2009年第2期。

发展,户籍制度越发成为界定人们身份,进行福利分配的重要依据,城乡之间、人与人之间的不平等现象形成。

(四)城乡二元户籍制度的调整(1979—1996年)

1. 1979—1984年:"农转非"政策放松,集镇户籍有条件准入

1978年是我国经济发展的"分水岭",我国由此踏上了改革开放的漫漫征程。在此期间,城市与农村分化的户籍制度进入调整阶段。我国由计划体制转轨为市场体制,生产力被极大解放,生产积极性被极大激发,各行各业都是一片朝气蓬勃。这一时期,社会活力竞相迸发,全国约有1.5亿的农村劳动力离开"黄土地"去城市营生,促进了一部分劳动力向非农产业的转移。究其原因,一方面,改革开放初期,各种生产要素的活力被激发,城市建设、各行各业的发展对劳动力的需求巨大;另一方面,在广大农村地区,以家庭联产承包责任制方式实施农村土地制度改革,削弱了土地对劳动力的束缚。农村劳动力打破传统的就业模式,进入城市寻找新的机遇。不可忽视的是,这一阶段政府逐渐放宽对人口迁移的限制,在改革开放大幕拉起之时,农村人口大规模地向城市流动,"民工潮"在各发达城市此起彼伏,农民工成为非农产业中的主力军。

1980年,多部门联合发布了《关于解决部分专业技术干部的农村家属迁往城镇由国家供应粮食问题规定》,在"农转非"指标控制方面有所放宽,一些科技骨干、部分边防军官等为社会发展作出杰出贡献者的农村家属,可被纳入城镇户口;"农转非"的指标数量有所增加,不到当地非农业人口的2%即可。

进入20世纪80年代,日益增多的农村剩余劳动力,使大量

农民选择进入城镇寻求发展,政府不得不调整政策,引导农民进行转移。小城镇户籍制度逐步放开。

1984年颁布实施《国务院关于农民进入集镇落户问题的通知》,这一文件改变了集镇落户的规定,即口粮自理情况下,在集镇务工、从商者以及长期稳定在乡镇企业务工的农民及其亲属,准予在落户集镇。由该文件产生了"口粮自理"户口这种第三种户口形态。口粮自理户口无法享受到真正的城市户口带来的权益。"口粮自理,落户集镇"政策经历了初期的追捧,加速增长到后来缓慢下降的过程。在政策性文件的指导下,各地区逐步实行与自身更贴合的户籍管理。"地方合法城镇居民户口"逐渐在全国多个省、自治区、直辖市得到广泛应用。

2. 1985—1996年:蓝印户口政策出台,条件准入扩大

《公安部关于城镇暂住人口管理规定》(1985年)将公民长期在非户籍地居住纳入合法范畴。同年,《中华人民共和国居民身份证条例》明确规定,身份证可作为证明公民身份的凭证,打破了"一户一簿"的限制。

公安部颁布了《关于城镇暂住人口管理的暂行规定》,对人口流动进行深入的规范化管理。一是暂住证制度,申请暂住证的条件是年满16周岁且暂住时间超过3个月的人口;二是通过与常住户口所在地的户口管理机关和雇佣单位合作,管理暂住时间较长的外来人口;三是寄住证制度,寄住证是针对外来人口暂住时间较长的,将其户口状态变更为寄住,并给予其寄住证。

二、改革历程

城乡二元户籍制度的改革(1997年至今),20世纪90年代,经

济体制改革不断深化,农民工大规模迁移。为了控制城市人口数量,合理分流务工人员,党中央选择小城镇作为户籍改革的试验区。

(一)1997—2001年,全面推进小城镇户籍政策改革

《小城镇户籍管理制度改革试点方案》(1997年)允许将满足条件,已就业生活在小城镇的农村人口纳入城镇常住人口范围,并为其办理城镇常住户口。规定不允许向落户小城镇的人口收取城镇增容费。从表面上看,城镇似乎是向农村人口敞开大门,欢迎其落户。但实际上,在小城镇落户依旧十分艰难。体现在:一是进行户籍制度改革的是小城镇,农民与大中城市依旧是格格不入,大中城市的落户门槛依然高不可攀;二是将在小城镇拥有合法的自建房或者商品房,作为农民进入小城镇的硬性条件。此举措变相提高了小城镇的落户门槛;三是承包地和自留地必须在农民入城落户时选择无偿退出,农民入城的机会成本和风险太高,挫伤入城落户的积极性。

公安部发布了《关于解决当前户口管理工作中几个突出问题的意见》(1998年)文件。针对新生儿落户、夫妻分居、老年人赡养和其他落户条件四个方面的问题进行变革。新生儿落户遵循自愿随父或随母原则;如果夫妻分居,对已投靠配偶所在城市,并超过一定的居住时间期限的,依据自愿原则落户;投靠在城市里子女的老人,男性大于60周岁、女性大于55周岁,可以在子女所在城市落户;针对其他落户情形,在城市投资、购买商品房的公民,其本人与共同居住的直系亲属,均可申请城市定居。该文件进一步放宽农民进城所必须具备的条件:一是放宽中等城市的落户数量;二是

拥有农村承包地和自留地的农户也可申请在城市落户。保留农村的承包地和自留地的农户也准予进城落户。小城镇的户籍改革尝试是在争取农民合法居民身份上迈出的坚实步伐。

《关于促进小城镇健康发展的若干意见》（2000年）指出，凡是在县级市区或者县级以下的小城镇固定生活（包括有固定居住场所、固定的职业或稳定的生活来源）的人口，遵循自愿原则转为城镇户口。已转为城市户口的农民依法享有城市居民的待遇。

（二）2002—2012年，大城市户籍政策改革启动

经济的飞速发展带来大城市外来人口的迅速膨胀，各种户籍制度的制约使得外来人口与本地人口之间的待遇落差大，不同身份人群所享有的社会福利与权益具有差异性，造成大城市社会矛盾日趋尖锐，大城市的户籍制度改革迫在眉睫。

2001年郑州市等多个大城市，率先推出满足"拥有合法固定居所、职业固定和收入稳定"三个条件的人口，准许其在城市落户。由此，大城市户籍制度进入"条件准入"阶段。然而"条件准入式"的改革之路在郑州市并不顺畅。由于落户条件放宽，使得人口大量流入城市，城市面临人口急剧增长的压力，所以只能在户籍管理方面进行严格控制。

大中城市进行的户籍改革举措都侧重于建立统一的城乡户籍制度。2001年，江浙一带的部分地区，取消农业和非农业户口的试点，将户口统称为居民户口，城乡分化的二元管理体制转变为城乡一体的一元管理体制。截至2010年，已有20多个省（包括自治区、直辖市）统一了城乡户口登记制度，不再区分农村户籍和城市户籍。尽管在户口上没有了城市与农村的区别，但农村人口依旧

是属于弱势力量,在教育、医疗、就业等生活的方方面面受到限制。

在全面深化改革的大潮流中,各大城市都依据自身发展需要,纷纷探索创新户籍制度改革的内容。2008 年,深圳市为了加强流动人口管理,推出居住证取代暂住证的措施,居住证让持有者享有户籍人口的部分权益。2008—2010 年,居住证管理制度在我国十几个城市得到广泛运用。2010 年,广东省创新性提出"积分入户",指标量化农民工入城落户的条件;[①]重庆市在"综合配套、自愿有偿"原则的指导下,全面启动户籍制度改革;成都市提出了新型户籍管理制度——实现了户口登记地和居住地的统一。

(三)2012 年党的十八大至今,户籍制度改革多领域推进

表 1-1　2014—2016 年国务院关于建立城乡统一户口登记制度的文件

时　间	文　件
2014 年 7 月	《关于进一步推进户籍制度改革的意见》
2015 年 5 月	《关于 2015 年深化经济体制改革重点工作意见》
2016 年 1 月	《居住证暂行条例》
2016 年 2 月	《关于深入推进新型城镇化建设的若干意见》
2016 年 9 月	《推动 1 亿非户籍人口在城市落户方案》

党的十八大报告提出,要加快改革户籍制度,有序推进农业转移人口市民化,努力实现城镇基本公共服务常住人口全覆盖。之后户籍制度等多个关键领域已开始改革,2013 年中央出台一号文件加快改革户籍制度,落实放宽中小城市和小城镇落户条件。2014 年在《关于进一步推进户籍制度改革的意见》(以下简称《意

---

① 傅晨、李飞武:《农业转移人口市民化背景下户籍制度创新探索——广东"农民工积分入户"研究》,《广东社会科学》2014 年第 3 期。

见》）中，明确规定城乡户口登记将统一，全面推行居住证制度作为当前实施户籍改革的目标，并强调要健全人口信息制度管理。"十二五"时期，全国城镇人口实现年均 2000 万的速度增长，城镇化率年均提高 1.23%。2018 年年末，全国拥有 8.3 亿城镇常住人口，常住人口城镇化率达 59.58%，然而户籍人口的城镇化率为43.37%，水平较低。上述数据在城市内部表现为：城市的流动人口数量大，多为城市务工的农民。受到城乡户籍制度分割的限制，外来人口无法实现有效管理，流动人口无法得到权益保障，这为社会发展带来诸多隐患。在 2014 年颁布的《意见》中，就人口规模不同的城市制定了不同的落户对策。对于建制镇和小城市，对落户的限制全面放开；对中等城市，划定的落户条件，实施有序开发；对大城市，制定合理的落户政策；对特大城市，严格控制落户的人口规模。党的十九大报告通过户籍制度改革挖掘人口潜力以释放红利，提高全要素生产率，将促进中国经济未来发展。

实现人口内部公共服务的均等化是户籍改革的根本目的。居住证制度作为过渡性的政策，既是对大城市暂住证的替代，更是落实公共服务均等化的载体。居住证制度具体是指：满足一定条件的城市流动人口，可申请城市居住证，其目的是让不符合落户条件的城市人口，凭借居住证享有同等的基本公共服务。同时，在2016 年的户籍制度改革措施中，按照各城市可容纳的人口规模、发展能力和自身的承载能力，拟定居住、参与社保年限和合法拥有住房（含租房）等各方面的要求，以防止门槛过高而导致政策失效。整体而言，2014 年至今的户籍制度改革，都对保障流动人口享有平等的公共服务与基本权益做了制度安排。

三、基于我国户籍制度的历史变迁及改革历程的启示

（一）户籍制度见证制度变迁，体现了不同时期功能的变化

制度的变迁见证了制度所承载的功能的变化。不同时期，户籍制度的变革与调整使得户籍制度在人口控制与管理方面的作用不尽相同。人口信息统计和身份定位是户籍制度所共有的并且是最基础的功能。除此之外，还有其他派生功能（见表1-2）。在户籍制度确立之初，人口信息统计功能效果最为显著。受户籍制度的管控，不迁移户口的人口流动是不合法的，因此严禁不迁移户口的人口流动。户籍地、就业地、居住地三地一致是我国户籍制度管理的一大特色。在户籍制度调整阶段，经济发展采取一系列举措，大量流动人口涌入城市，导致"人户分离"，弱化了人口信息统计功能。

身份定位功能是指对人口的等级身份和地域身份定位。等级身份定位是指按照标准，将人口划分为城市和农村人口两种身份属性，实行差别化待遇。城乡分离的登记制度是等级身份定位功能得以实现的前提条件；户籍制度对人口流动迁移的严格限制，使得户籍身份难以变动，划分等级身份的功能得以实现。不同的等级身份定位享有的各种资源条件不同，农民的权益往往受到侵害。地域身份定位功能是指根据人口出生的地理位置，定格相对应的地域身份。与身份定位功能相同，受二元制度的制约，人口的所在地域也难以更改。因此，最终形成了户籍制度的地域身份定格功能。户籍的地域定格功能源于限制户口的迁移。在户籍信息采集登记工作进行时，空间属性必不可少。二元户籍利用人口信息所具有的空间属性，限制区域间户口迁移。在控制人口流动、实行城

乡差别待遇方面,身份定位功能化提供了条件。

表1-2　新中国不同时期户籍制度的功能

时　期	功　能	
	基本功能	派生功能
城乡二元制户籍制度建立时期	人口统计、身份定位	限制人口流动
城乡二元户籍制度强化时期	人口统计、身份定位	限制人口流动 政治斗争辅助工具 思想政治教育辅助工具
城乡二元户籍制度局部调整时期	人口统计、身份定位	激励知识分子 吸引资金 改善人口结构
城乡二元户籍制度改革时期	人口统计、身份定位	激励知识分子

资料来源:严士清:《新中国户籍制度演变历程与改革路径研究》,《华东师范大学》2012年。

(二)户籍制度演变过程体现了经济社会发展的一般规律

1. 户籍制度的演变必须符合经济发展的要求

历史唯物主义辩证法认为:"经济基础决定上层建筑。"任何一种制度的变化都是经济起决定作用。户籍制度必须与经济发展相统一,并符合生产力发展的要求。新中国成立之初,面临内忧外患,资本主义国家虎视眈眈,集中力量进行经济生产是首要选择。由于资源稀缺,为保证城市的发展,"割裂式"的二元户籍管理制度应运而生。

随着改革开放战略实施,各方面的生产活力被激发,经济建设成为中央工作的中心,市场经济体制也在逐步完善。反映在人口流动方面,经济发展势头强劲的城市和小城镇均出现人口大规模地流入。政策的地域性差异和资源的异质性,区域间发展差距日益突出。正是因为区域间的发展差异,使得"割裂式"的二元户籍管理结构逐渐向"渗透式"转变。户籍制度与经济社会之间相互制约又相互促进。因此,不顾及经济发展状况,盲目推行户籍制度一元化,也会造成一些影响。譬如,在我国东南沿海相对发达的小城镇,由于制定的户籍制度改革措施与社会发展状况不相符合,最终只能以提高落户门槛为代价,户籍改革举措并未收到实效。除此之外,一些省(自治区、直辖市)忽视区域间的差距,致使户籍制度改革进度缓慢。

2. *户籍制度的演变有利于社会结构的优化*

户籍制度的演进不断更新着社会的人口结构。在户口制度变迁过程中出现"自理口粮户口"、"蓝印户口"、城市居住证改革等,让城市中的外来人口,在居住、就业、医疗等方面的问题得到一定程度的解决,外来人口的各项权益与本地人口相一致的要求,得到制度性保障。诸如此类,有利于社会结构优化的户籍制度改革举措,得到广大居民的认可而不断向前推进。反之,阻碍社会结构优化的户籍制度则难以为继。当前,我国正处于经济转型升级的关键时期,户籍制度改革要脚踏实地,改革步骤和目标要根据经济发展状况制定,户籍改革以达到不断优化社会结构为目标。

第三节　我国现阶段户籍制度改革状况与认识

一、现阶段户籍制度改革状况

据国家统计局数据,2019 年全国城镇化率为 60.6%,户籍人口城镇化率为 44.38%,户籍人口的城镇化率偏低。目前的户籍改革已取消了户口性质的划分,实行了统一的城乡户口登记制度。

　　为加快市民化的进程,各省(自治区、直辖市)普遍降低户口迁移的条件和标准,降低落户门槛。在经济发展较为滞后的中西部地区,全面放开了除省会城市外的其他城市落户条件,实现最大限度地开放落户的口子。

　　积分落户制度则在经济发展较好的北上广深等超大人口规模和特大人口规模城市实施。积分落户制在一定层面上而言,是拓宽农业转移人员的落户渠道。以上海市为例,2015—2016年,办理上海市居住证以及落户上海市的人口高达2.4万人,比之前6年的"居转户"总量还多。

　　户口迁移政策实施直接导致全国各地落户城镇的农业转移人口数量的大幅增长。[①] 2016年出台了《居住证暂行条例》,各省(自治区、直辖市)纷纷响应政策要求,暂住证制度被取消,代之以居住证制度,并积极开展居住登记和居住证办理工作。有数据显示,2016年全国发放居住证2890余万张,北、上、广、深分别为169万、40.6万、81万和171.5万张。在文件引导下,各地区积极探索、扩展公共服务范围。在教育方面,天津市、河北省、山西省、江苏省等10个省(自治区、直辖市)规定:持有居住证的人口,其子女与其共同居住的,可按规定参加当地中考、高考。[②]

二、对我国新型城镇化过程中的户籍制度改革的认识

　　二元分割的户籍制度影响了农民自由迁徙的权利。在经济转型升级的新时期,稳定、公平和正义的社会环境尤为重要。新型城

---

　　① 杨莉芸:《农民工市民化的户籍制度障碍一个制度分析框架》,《农民问题》2013年第1期。
　　② 谢宇、谢建社、潘番:《教育公平视野下的异地高考新政思考》,《复旦教育论坛》2013年第5期。

镇化的根本是人口的城镇化,不仅注重经济效益,更强调以人为本。户籍制度改革的首要任务是保障农村居民能享有均等的基本公共服务权益。

(一)地方探索式改革推动缓慢,深化改革需靠中央主导

自 1978 年以来,户籍制度改革主要是采取自下而上的地方探索方式。地方探索式的改革创造出制度创新效益,然而目前这种制度创新效应正在弱化,具体表现在各地市的户籍政策上,即对于落户条件的选定,基本停留在收入和住房。一方面,发达地区为了引入资金、吸引人才,把"入市"作为一项优惠政策,形成自己的比较优势。也因为将户籍制度改革作为吸引投资的手段,使得改革缺乏利益的动力。另一方面,地方政府在改革中存在一些畏难情绪和"搭便车"心理,也使得制度举措缺乏创新的动力,地方探索式改革推动缓慢。

当前"有效的制度供给明显不足,制度非均衡状态强烈要求政府增加有效制度供给"。一方面,地方政府在改革的动力与阻力的双重压力下,为实现利益最大化,从而选择维持改革现状不变。户籍制度改革步伐便在"不作为"或"难作为"的地方政府面前止步。另一方面,我国分为 34 个省、自治区、直辖市(包括台湾地区、香港、澳门特区),受行政区划的制约,各地的户籍制度改革都处于"分疆而治"的状态。户籍改革呈碎片化,立足长远,其发展方向应是运用全局角度,统筹各地区的改革,形成统一的户籍改革方案。中央政府为主导的户籍改革应逐渐取代地方为主导的户籍改革。

（二）单个地方改革问题较多，户籍制度改革需要形成合力

在单一探索式的地方性户籍制度取得成效的背后，不可忽视的是它带来的诸多问题。具有基本公共服务优势的大城市，吸引流动人口的能力不言而喻。贸然匆匆放开对户籍的管束，必定导致人员迁移的"扎堆"。城市人口规模在短期内迅速增长，由此造成城市环境承载能力以及公共服务设施的巨大挑战，最终结果则是改革被迫暂停或终止。目前，不再划分农业和非农业户口，而是统一登记为居民户口，农村与城市之间的问题得到了解决。而我们要考虑的是发达城市与不发达城市之间的问题。各地区进行户籍制度改革最为显著的目的是与周边省份或城市竞争，各地区对应的福利制度大相径庭，人口在省际间迁移流动受到政府的限制。

试点式的改革探索是户籍制度改革经验积累的阶段，深入改革的方式应是全国各地"一盘棋"，形成户籍制度改革的合力。我国行政区域面积大，人口众多，客观实际造成户籍制度改革必然是个系统性巨大而又复杂的工程。为了避免区域间发展不平衡、福利落差大带来的"人口扎堆"以及地方政府"不作为""难作为"现象，全国各地一盘棋的模式是首选。全国统一制度文件能将各地区的改革信念凝聚在一起，扫除人口流动的制度藩篱。

（三）户籍制度改革的效果有限，需进行相关的配套改革

绑缚在二元户籍制度上的附加利益，是造成人与人之间不公平、不公正的根源。而户籍制度改革总是避重就轻，其成效也不显著，这导致户籍制度改革极易出现突然暂停或终止的局面。2001年，郑州市户籍改革新政的实施过程就是例证。"大刀阔斧"改革

最终"紧急叫停"、草草收尾。原因在于郑州市户籍制度改革忽视
了其城市基础设施以及其公共服务的承载能力,造成城市资源与
人口规模之间不可调和的矛盾。户籍制度不仅是人口信息管理的
工具,也涉及居民各方面的权益。放宽落户政策造成的城市各方
面的资源紧缺,公共服务水平下降的情况不胜枚举。仅依靠户籍
制度改革无法满足社会需要,必须改革相关配套设施。

　　我国户籍制度改革的最大阻碍在于社会权利与福利同户口相
捆绑。现行户籍制度改革的立足点是剥离或是合理流转户籍制度
中捆绑的其他权益。在这方面,小城镇的改革已初见成效,但大城
市的改革却举步维艰。其原因归结为,大城市的户口所包含的权
益更为复杂,所涉及的利益主体之间的博弈也更加复杂。户籍制
度最大的不合理性体现在,因户口属性上的差异造成的社会权益
与地位的差距,这种不合理的现象在经济发展水平较高的城市尤
为突出。表1-3总结了户籍制度导致的公民权益的割裂与缺失。

表1-3　三元化社会结构基本情况

三元化社会结构 基本情况指标	城市居民	城市农民工	农民
就业行业	多元化	脏、累、苦、险行业	第一产业
收入水平	高或较高	低或较低	低或较低
失业保障	有	无	无
劳动保障	有	无	无
养老	公费医疗或医保	家庭养老	家庭养老
住房	无赞助费	租房	自建
医疗	社会养老	自费	自费
教育	购买商品房	有赞助费	无赞助费

资料来源:甘满堂:《城市农民工与转型期中国社会的三元结构》,《福州大学学报(哲学社会科学
版)》2001年第4期。

　　户籍制度和相应的社会保障制度的同步改革是现实发展的客观要求,也是民心所向。在统一的户籍制度改革安排下,回归户籍的原始功能。采取渐进式的方式剥离户籍制度不平等的利益保护倾向,减弱户口利益色彩,逐步消除发达地区户口的含金量,改革的社会阻力必然减少,所需要的经济社会成本必然降低,推进户籍制度的改革之路则会越发顺畅。

第二章 新型城镇化过程中城乡户籍制度同步改革的现状分析

目前,我国发展正处于"刘易斯拐点"时期,"城乡割裂"的二元户籍制度,导致进城务工农民工难以在城市落户,无法享受到应有的社会公共服务与市民权利,社会矛盾日益凸显。"以人为本"是新型城镇化的核心和发展路径。根据党中央的部署,各地区紧锣密鼓地推进改革,掀起了落户城市的新潮流。"十四五"规划也明确指出,将推出更多的举措促进"人的城镇化",保障落户市民共享公共服务的权利。让农民工、外来人口等在城市"安家落户",真正实现住得下、留得住、过得好的目标。目前,已有 20 个省、自治区、直辖市明确提出取消户口的农业与非农业属性划分,统一城乡户口登记制度,建立健全居住证制度。①

---

① 王美艳、蔡昉:《户籍制度改革的历程与展望》,《广东社会科学》2008 年第 6 期。

第一节　新型城镇化过程中户籍制度
改革的现状

党的十八大、十九大和中央城镇化工作会议,对推进户籍改革进行了深刻的部署。《关于进一步推进户籍制度改革的意见》(2014 年)开启了户籍制度综合改革的新征程。目前,在 31 个省、自治区、直辖市中,西部地区陕西省、青海省、新疆维吾尔自治区、四川省、云南省、贵州省 6 省,中部地区黑龙江省、吉林省、山西省、河南省、安徽省、湖南省、江西省 7 省,东部地区辽宁省、河北省、山东省、福建省、广东省、江苏省、广西壮族自治区 7 省,实施深化户籍制度改革的实践。鉴于各个省(自治区、直辖市)经济社会条件的差异,对户籍改革的进程与收效各异。本部分选取不同发展水平的城市,分析户籍改革的现状。

一、小城镇户籍制度逐步放开

作为户籍改革的切入点,小城镇率先进行了改革实践。邓小平同志曾指出:如果农民没有动力,国家就不会发展。农民积极性增加,农产品大幅度增加,大量农业劳动力转到新兴的城镇和新兴的中小企业,这恐怕是发展的必由之路。[①] 改革开放以来,农村剩余劳动力的数量急剧增加,大量农民纷纷谋求进入城镇发展的机会,政府不得不调整政策,引导农民进行转移,因而小城镇户籍制

[①]　王小亮、董淑湛:《邓小平农民思想与新型农民培养》,《安徽农业科学》2013 年第 5 期。

度逐步放开。

改革至今,小城镇户籍主要经历两个阶段:在第一阶段,采取三元制的结构形式,在城市和农村户口之间,建立"自理口粮户口"或者"当地有效城镇户口"的第三种结构形式。第二阶段是统一三元制户籍制度,将三者统一合并为城镇户口。[①] 在第一阶段中由于没有根本变革城乡二元体制,自理口粮户口对农民的吸引力并不显著。据统计,1990—1993 年,全国自理口粮人口仅增加 42 万,1997 年,小城镇户籍改革在全国近 400 个小城镇进行试点,1998 年小城镇户籍在全国各地逐步开放,在《关于促进小城镇健康发展的若干意见》(2000 年)文件推动下,小城镇开放速度进一步提升。《关于推进小城镇户籍管理制度改革的意见》(2001 年)文件,标志改革走向全面实施。小城镇户籍基本上对农民全面开放了,满足在城镇有稳定的收入来源和合法的生活住所即可落户。一些中等城市进一步降低了进城落户的门槛。

中西部地区小城镇户籍改革力度较为强劲。1998 年,贵州省颁布《小城镇户籍改革试点方案》,可落户小城镇的对象范围是:稳定合法的非农职业或稳定的收入来源,有稳定住所居住且居住满两年的人口。文件中提出全面取消城镇增容费。贵州省选择 10 个乡镇作为小城镇户籍改革的试点地区。

以"开放户籍"促进城镇化发展是 20 世纪 90 年代末推进户籍改革的动力。即使小城镇已经不再限制人口迁移,但回顾改革成果,小城镇并未有过大规模的流动人口落户,小城镇对于农民的吸引力依旧比较弱,有些地区的户籍制度改革甚至陷入僵局。例如,

---

① 柴玮:《我国户籍制度改革现状及策略分析》,《理论界》2014 年第 7 期。

1999 年安徽省涡阳县的城镇户籍需要摊派出售；河南省对于小城镇户籍改革的试点反响，人们并不支持，甚至出现没有一个人申报的情况。从当前各省份各地愈演愈烈的"抢人大战"中，各地为了吸引人才制定的落户优惠政策，更真实地反映了小城镇户籍改革的艰难。究其原因：一是小城镇经济发展水平不高，基础设施、社会福利与保障与城市相比差距较大；二是流动人员以及农民工思想意识已经发生转变，他们更愿意到发达的地区生活或是在农村守着一亩三分地，而并非介于两者之间的小城镇。因而，小城镇户籍改革成效并不显著。

二、大中城市差别化实施落户政策

自党的十八大以来，党中央的决策一再提出采用"差别化的落户政策"。受社会经济条件的制约，中国大中小城市的人口数量以及人口承载力有巨大的差别。北京市、上海市等这类型特大城市，目前城市人口承载过多。对特大城市而言，户籍改革也承担着控制人口数量的职责，因而落户条件相对较高，而对于大城市一般采取用户籍"门槛式"准入政策，比如通过居住证等方式逐步将农业转移人口市民化，对于中等城市有序放开落户限制。然而，随着当前日趋白热化的"抢人大战"，使得各地争相放开户籍准入条件，户籍制度改革在大中城市进一步推进。

（一）普遍实施城乡统一户口登记制度

为打破计划经济时期形成的城乡二元割裂局面，恢复户籍的人口登记与管理职能，根据国务院相关文件，各地区都在建立城乡统一的户籍登记管理制度，同时适度放宽落户和迁移所需的条件。截至 2018 年 5 月,江苏省、浙江省、福建省等 14 个省(自治区、直辖市)相继提出城乡统一的户籍改革措施。各省(自治区、直辖市)根据自身实际情况,采取各具特色的政策举措。

以成都市为例,为实现城乡居民地位、各项福利与社保的无差异化,成都市出台《统一城乡户籍实现居民自由迁徙》的政策文件。在改革措施方面:实施户口登记地与实际居住地相统一的管理。登记时,保持户口登记地与实际居住地相一致;以身份证号码作为标志,建立公民信息管理系统,收集整合居住、社保、就业等信息资源;用人单位及其职工参加城镇职工社会保险,其他居民自主选择参加城乡居民社会保险或城镇职工社会保险,从根本上实现城乡社保的公平。在住房保障方面,构建了统一的城乡住房保障体系。将住房保障范围扩大到城市和乡村区域,对城乡居民符合住房保障条件的家庭,统一纳入城乡住房保障体系。对于住房困难的人口,提供各项保障措施,如廉租房、公共租赁房、经济适用房以及财政补贴等。在教育方面,统一中职层次学生资助政策,成都市中职层次的贫困生享受无差别资助政策。文件指出,入户成都市的城市外来人员,同样享受当地居民的各种待遇。户籍制度牵一发而动全身,其涉及的利益面甚广,短期内城乡身份区别仍难以完全消除。

(二)居住证制度盛行

在 2010 年的国务院文件中,首次提出了全面推行居住证制度。居住证不带有城市或者农村二元户籍性质,是政府颁发给城市外来务工人员让其可以享有城市福利的凭证。但这种城市福利是小范围的,且福利水平受自身条件的制约。拥有居住证,外来人口可以在满足条件后申请落户城市。2017 年,国家发展和改革委提出全面实施居住证制度,以落实基本公共服务覆盖常住人口。目前上海市、浙江省、河北省、重庆市等 18 个省份及地市已探索建立了居住证制度。[①]

作为户籍改革的先行者,上海市的居住证适用对象比较狭窄,并对学历层次提出较高的要求。给予居住证的条件是:在上海市工作或创业,且具有高学历(本科以上或者特殊人才)主要是高学历者或者特殊人才。2017 年,上海市户籍制度改革进一步推进,颁布了新的文件——《上海市居住证积分管理办法》,其适用对象进一步扩展到境内来上海市工作或者生活的人员,其条件是凭借本人的《上海市居住证》,并参加本市职工社会保险满 6 个月,即可申请。这一举措使持有上海市居住证者能够享有更多的城市居民待遇,提升了进城落户的希望。居住证积分制其实质是量化居民个人条件以及对城市的贡献,外来居民按量化的分值获取相应的公共服务待遇。

(三)小范围实行本地人户口自由迁移政策

目前,苏州市、重庆市、成都市等地实施地方户口自由迁移政策。以苏州市为例,2015 年 6 月苏州公安部门下发《关于在大市范围内实施本地居民户口通迁制度的通知》,决定在苏州市范围内实施本地居民户口的通迁制度。该制度仅针对苏州市的户籍居民,在苏州市区、吴江区、常熟市、张家港市、昆山市和太仓市以上任意地区拥有合法稳定住所的人,即可实现户口自由迁移。"购买、自建、继承、受赠的产权房以及保障性住房"都视为

---

① 宋锦:《中国劳动力市场一体化的主要问题研究》,《东南大学学报(哲学社会科学版)》2016 年第 6 期。

合法稳定住所的范畴。这一制度的突出特点是不限定合法稳定住所的面积。

（四）特大城市的标配——积分落户制

作为一项户籍调控政策,2011 年提出的积分落户制是国家实施农业户口往城镇户口转化的一项措施。其本质是农村户籍人口通过在城市工作赚取积分,最终获得城市户口。这一制度采取公平竞争的方式,在一定程度上打破了"户籍壁垒",给外地人落户城市提供了平台,具有一定的进步意义。目前北上广深等特大城市都实施积分落户制(见表 2-1),但是积分落户制所设定的申请条件比较苛刻,对外来人口而言,当地户口依旧遥不可及。

无论是小城镇的户籍制度改革还是大城市实行的城乡统一户口登记制度、居住证制度、小范围的本地人户口自由迁移政策或是积分落户制,都是现实需求下的产物。其目的都是保障外来人口或农民工的权益,一方面改革举措可以让外来人口获得与城市人口相同的待遇,保障城市人口与外来人口"同权";另一方面也是为了让外来人口能在城市有归属感和认同感,将自身融入城市生活中,而不仅仅作为城市生活的旁观者。

数据显示,2010—2012 年三年中全国"农转非"人口达 2505 万人,改革初见成效。但是,随着户籍改革的深入,各方面的矛盾和问题也随之显现。在城乡统一的户口制度方面,对比过去城镇户口紧俏受热捧的局面,各地区放开小城镇户口管制,在制定鼓励"农转非"的政策时,居民对城市户口的态度却非常冷淡。根据学者李强对中国城镇化大规模入户抽样调查,约 60% 农业户籍人口不愿意转为非农户籍。① 农民工对于以放弃承包地和宅基地来获取城镇户口的积极性不高;对于居住证制度,一方面,原住城镇居民忧虑外来人口的迁入会导致他们原有的福利水平降低。另一方面,户籍制度改革的各项优惠政策会吸引更多的外来人口进入城市。多元文化的冲撞与融合,使得政府的管理与服务水平面临更大挑战。针对积分落户制,其最大的诟病是苛刻的申请条件,对外来人口而言城市户口依旧高不可攀。

表 2-1　2018 年北上广深津地区积分落户申请条件

条件 地区	年龄	学历	住所	社保	居住证	申请分值线
北京	不超过法定退休年龄;年龄不超过 45 周岁的,加 20 分	无要求	无要求	连续缴纳社保 7 年及以上	持有《北京市居住证》	根据年度人口调控情况,每年向社会公布其积分落户分值
上海	56—60 周岁,积 5 分;每减少 1 岁,加 2 分,最高分值 30 分	无要求	无要求	连续缴纳社保满 7 年	持有《上海市居住证》满 7 年	实行年度总量调控,排队轮候办理,超过人数的,下一年办理
广州	不超过 45 周岁	初中以上学历	有合法住所	连续缴纳社保满 4 年	持有《广州市居住证》满 3 年	60 分
深圳	18—48 周岁	无要求	无要求	按规定缴纳社保	持有《深圳市居住证》	100 分
天津	不超过法定退休年龄	无要求	具有合法稳定的落户地点	连续缴纳社保满 1 年	持有《天津市居住证》	居住证积分达到申请指导分值(2016 年为 140 分)

① 王瑜、仝志辉:《中国户籍制度及改革现状》,《中国农业大学学报(社会科学版)》2016 年第 1 期。

第二节　新型城镇化过程中城乡户籍制度
同步改革的主要问题

近年来,中央政策层面和地方政府层面均进行了系列改革和探索,取得一定的成果。由于户籍不仅仅带有社会管理的功能,更多的是与经济利益和社会福利相互捆绑。就整体而言,目前户籍制度改革的进程与人民期待有一定的差距。为深入了解新型城镇化过程中,户籍制度改革的现状与存在的问题,我们设计了新型城镇化过程中户籍制度改革问卷调查。通过网上和深入北京市、福建省、南京市、湖北省、湖南省内长沙、株洲、湘潭、邵阳、益阳、湘西等地的城乡发放了约 1000 份调查问卷,发现新型城镇化过程中城乡户籍制度同步改革的问题主要集中在以下几个方面:

一、城市发展各项社会福利资源配置存在差异

户籍制度与各项社会福利待遇"脱钩"是户籍改革需要实现的目标之一。然而,城市规模差异所带来的城市福利差异,是当前户籍制度改革的"瓶颈"所在,也是影响人口迁移的重要因素,深刻影响着户籍制度改革的成效。

从城市发展的角度而言,经济发展水平与人口规模呈正相关。在行政层面而言,直辖市、省会城市等在政策制定以及社会资源方面享有更多照顾,发展空间更加充足。由表 2-2 相关指标分析,凸显出直辖市和东中西部地区省会城市在生活水平上的差距。直辖市和东部地区的居民因城市经济发达享有更高的收入。在市政

设施方面,无论是代表交通通达度的建成区路网密度,代表居民居住环境的绿地面积,抑或是代表居民居住条件的垃圾处理和燃气,直辖市以及东部地区省会城市的市政设施要明显高于中部和西部地区,经济发达地区的城市居民享有更舒心和便捷的生活条件。社会优质资源配置方面,直辖市在代表高等教育发展水平的"211"高校数量上占据绝对优势,其数量等于中西部省会城市"211"高校数量的总和。在高质量的医疗保健方面,中西部的省会城市仍然处于劣势。综上所述,我们不难看出经济发达地区的城市居民享有更为充足的优质资源,更易获取各种发展机会。在行政等级相同的省会城市之间都存在如此巨大的差异,那么省会城市与中小城市之间的差距不言而喻。

表 2-2　2018 年不同发展程度的城市经济社会水平状况

指　　标		直辖市	东部地区	中部地区	西部地区
生活水平	人均 GDP	115459	92847	51135	49371
	人均可支配收入	48109	38836	23575	22727
	在岗职工平均工资水平(元)	99611	75218	67949	49988
市政设施	建成区路网密度	6.24	7.53	7.14	4.92
	建成区绿地面积(公顷)	11330.25	4690.38	4555.13	4772.2
	城市生活垃圾无害化处理率(%)	98.50	99.38	97.19	91.35
	燃气普及率(%)	99.02	99.47	98.33	97.10
优质资源	"211"工程高校数	43	16	23	20
	三级甲等医院数	174	186	159	130

注:生活水平、市政建设为平均值,优质社会资源为加总值。统计对象选取的是东中西部地区省会城市数据。

资料来源:2018 年《中国统计年鉴》和《城市建设统计年鉴》。

从城市内部角度分析,城镇化水平的失衡导致在现行的制度下,户籍所附加的社会福利功能仍然发挥着割裂城市原住民与外来人口的副作用。虽然近些年来户籍制度改革不断推进,但与户籍制度有关的制度安排仍在教育、医疗、就业、社会资源获取以及城市的接纳程度等诸多方面,将城市"土著"居民与外来人口差异化对待(见表2-3)。因此,无论是在居住、就业或是娱乐、休闲方面,外来人口都自成一派,对城市难以产生认同感和依赖感。同时,作为身份的象征,户籍给居民带来心理上的负担和压力,使原来的城乡二元割裂的状况转移到城市内部,形成了新的二元制社会结构。

表 2-3　户籍居民与非户籍居民在社会公共服务上的差异

指标	表现	户籍居民	外来人口
就业	工作岗位的选择	工资待遇高、稳定性强的正规就业岗位的机会。体制内单位的就业岗位对本地户籍劳动者有明显的偏好	工资待遇低、稳定性弱的高强度的工作,一般为"脏""累""苦"的体力活
	就业权益的保障	本地人民享有优先就业权利	城市就业压力大时可能遭遇就业限制或者就业歧视性的政策
社会保障	社会保险制度	有权参与城镇职工基本社会保险	被制度排斥
	排他性公共服务	有权享受最低生活保障、政府补贴性住房安排、子女可享受在城市公立学校平等就学和参加升学考试	被制度排斥
	社会资源获取	买房、买车、办理证件相对便捷	受到限制
社会包容程度	社会认可和接纳	主人翁心态、优越感,工作和生活上都更具备良好的精神状态,对未来的预期也比较稳定,有能力也有意愿融入城市主流文化	受到城市"土著"居民的歧视,在心理上难以对城市产生认同感,无法融入城市,也不被城市主流文化所接纳

户籍开放的过程并非"农转非"的简单转换过程,更需要进行公共服务的结构性改革。户籍制度与20多项个人权利相挂钩,然

而在遭受意外事故的赔偿上,都出现"同命不同价"畸形的社会现象。实施公共服务体制改革,旨在打破公共服务以及相关权利与户籍紧密相连的状态,消除差异化的社会公共服务标准,建立统一全覆盖的社会公共服务制度。然而,公共服务体制改革属于多方利益的博弈,在当前区域之间、城乡之间差距较大的客观情形下,将各地公共服务筛选机制直接废弃不现实。目前,亟待解决的是教育、医疗、就业、住房、社保等领域如何实现改革速度与质量之间的平衡。

二、户籍制度改革具体执行力度相对不够强劲

尽管改革收到了一定程度上的效果,但在城乡间、各地域间的人口流动并没有推动户籍改革本质性的突破,改革的步伐依旧滞后于社会发展的需求。在速度方面,根据党中央的战略部署,到2020年,要实现1亿进城常住的农业转移人口落户城镇,因而在理想状态下,每年需要解决1428万人在城市定居。与目前每年835万人的速度相比,两者差距巨大。改革推进存在"雷声大、雨点小"的状况,通过发放新型城镇化过程中户籍制度改革问卷调查,"您觉得户籍改革的阻力和难题有哪些?"65%的人认为户籍登记流于形式,登记率不高,58%的人认为流动人员较杂,存在一定的安全隐患,55%的人认为流动人口管理服务导向性不强,52%的人认为流动人口综合治理整合度不高,48%的人认为政府政策宣传不到位,35%的人认为政府相关部门执行力度不够。主要体现在:一是大城市的户籍改革进程缓慢,外来人口落户阻力较大。在大部分地区,很难实施中央文件(《积极稳妥推进户籍管理制度改革的通知》)中的规定,即使是符合条件的外来人口也难以被批

准落户。① 二是改革避重就轻,流于形式。14 个省(自治区、直辖市)出台统一城乡户口登记制度,但捆绑在户籍制度上的社会福利与权益并没有统一,城乡一元化名不副实。诸如北上广深等人口流入量大的城市在总量控制的基础上实行积分制落户,选取的量化指标设计倾向于高学历、高职称的外来人口,这更像是人才的争夺战,而农民工群体被拒之门外。综合各地区的实践,真正依靠积分制落户的人口少之又少。三是落户标准严苛,成本高昂,导致农民群体参与的热情不高。尽管各地的户口迁移方式由指标审批式转变成了条件准入制,但对大部分人口而言其标准依旧偏高,进城农民以土地为代价换取城市人口身份和福利,致使农民群体的积极性不高,这也反映出当前的一些举措无法满足社会大众的诉求。

三、户籍制度改革顶层设计制度体系尚不完善

户籍制度改革主要目的是改变因户籍上所依附的经济利益、社会福利而造成的社会分化割裂的复杂局面。由表 5-2 可知,城市户籍人口和农村户籍人口在就业、教育、医疗、住房、养老、土地、社会救助、最低保障方面遭受差异化的对待。当前社会关注的热点诸如土地、教育、医疗、就业等均与户籍制度直接相关,这就说明户籍制度改革不是一项孤立的改革,不能将人口仅仅从户口本上实现城乡统一,而应从人民利益角度进行教育、医疗、就业、社会保障等各个方面系统性的改革。

目前户籍制度改革的障碍之一是农民难以在城市利益与农村土地权益之间作出选择。按照(《进一步推进户籍制度改革的意

---

① 楚德江:《农民工市民化的现实困境与政策选择》,《西北师大学报(社会科学版)》2013年第 3 期。

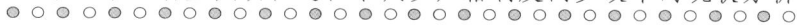

见》）中的要求，不得以退出"三权"（三权指土地承包经营权、宅基地使用权、集体收益分配权）作为农民进城落户的条件，充分尊重农民意愿和选择权。[①] 落户城镇意味着将会退出村集体，失去集体土地的权益，这里产生一个矛盾，即进城落户农民如何在农村和城市利益之间进行抉择。

在户籍制度与地方财政投入和分配方面，户籍改革将增加公共福利资源，例如，教育、医疗等以及基础设施的投入成本。对于失地农民养老问题，甘肃省在 2011 年启动《甘肃省被征地农民养老保险办法》，规定被征地面积超过 80% 的农民户将获得城镇户口，享受城镇职工基本养老保险。[②] 像类似的做法，例如重庆市等地采取过"以土地权益兑换社保"的举措。这些政策原本想解决失地农民生活保障问题，但在实际操作中，容易出现让农民以更多的土地为代价，却只换取了少量的公共福利。

四、现行土地制度对加快户籍制度改革有限制

土地是农业生产的基础，是千百年来农民生存发展的"铁饭碗"。农村土地制度作为农业生产关系的核心，其改革也影响了户籍改革的方向和性质。从这一层面来看，改革农村土地制度才是解决"农民不愿进城"问题的根本。[③] 但是，目前的土地制度改革比较困难，主要体现在：

一是多方利益博弈难平衡。土地的经济价值使得土地成为

---

① 张波：《农村土地制度改革背景下宅基地使用权申请取得制度的改革与完善》，《中国农业资源与区划》2016 年第 3 期。
② 甄晓英：《城镇化进程中失地农民社会保障问题调查研究——基于兰州市安宁区赵家庄社区》，《生产力研究》2015 年第 7 期。
③ 鲁桂华：《户籍改革：为何举步维艰》，《中国社会导刊》2006 年第 3 期。

"财富之母",对中央和地方政府而言,土地是财政收入的来源之一,随着经济的发展,地方政府越来越依赖土地。对于农民来说,土地是千百年来赖以生存的"饭碗"。利益相关者之间的诉求各异,多方博弈难以均衡。土地制度改革不只是在农村范围内进行改革,其领域涉及财税体制的改革与城乡利益格局的变更,起着牵一发而动全身的作用。利益纠葛复杂的土地制度改革,进一步加大了户籍制度改革的难度。

二是落户城市的农民群体与农村土地流转之间的关系难处理。随着改革深入,"三农"问题之中的农民问题,目前已转变成进城农民问题。进城农民最为关心的则是农村土地资产的处置问题,农村土地资产处置不清使得大部分农民无法实现彻底的"离土离乡",形成"两头靠"的局面。当前的制度框架内,城镇化逐渐成为变相剥削农民的手段。与小城镇落户带来的利益相比,落户城镇要放弃农村土地权益,农民进城落户付出的成本代价太高,导致农民进城意愿低下。这也是影响小城镇户籍制度改革有效性的因素之一。如何处置农村土地让其既能推动当前改革的发展又能保护农民的根本利益是时代的考题。

五、大城市及特大城市户籍制度改革矛盾集中

一方面,与小城镇户籍改革效果截然相反,大城市以及特大城市面临的是蜂拥而至要求落户的农业人口。根据国家统计局统计,北上广深,以及杭州市、厦门市、温州市、苏州市、无锡市、青岛市十个城市集中了全国50%左右的农民工,其中25%集中于北上广深四大城市。由于大城市及特大城市丰富的教育、医疗、就业资源,较好的基本公共服务和较完善的社会保障体系,

对人口的吸引力更强劲。

另一方面,大中城市普遍对流动人口抱有抵触情绪,只考虑落户成本而不考虑落户人口对城市的贡献,不接纳外来人口落户。虽然国家出台积极推进户籍改革的文件,落户的要求设置为在县级市市区、县人民政府驻地镇和其他建制镇,有合法稳定职业并有合法稳定住所(含租赁)、在设区的市(不含直辖市、副省级市和其他大城市)有合法稳定职业满三年并有合法稳定住所(含租赁),且按规定参加了一定年限的社会保险的人员,可以在当地申请登记常住户。① 然而考虑取消落户门槛对公共资源以及环境承载带来挑战,北上广以及部分大城市实现户籍完全放开并不实际,并且由于大城市和特大城市因人口迁入引起的用地紧张、空气污染、交通堵塞、就业难等问题不能及时解决,使户籍制度改革之路更为艰难。在户籍制度改革中,如何找到改革举措与城市承载力之间平衡点是当前研究的重中之重。

六、户籍制度改革下存量流动人口落户难度大

统计显示,2017 年,全国流动人口为 2.44 亿,主要是农民工。根据新型城镇化过程中户籍制度改革问卷调查,如果转为城市户口,最希望解决什么问题? 83%的人认为农村住房赔偿问题和土地转让费用补偿问题最为重要,66%的人认为医疗问题重要,58%的人认为子女教育问题和城市融入问题较为重要。作为城市的建设者,长期在城市务工的农民工与农业农村的联系越来越少,落户城市的愿望在新一代农民工身上愈加浓烈。然而,农民工群体数

---

① 李建民:《破冰之难——评中国的户籍改革"新政"》,《人口与发展》2012 年第 2 期。

量大,生活背景与文化程度的差异性使其落户的情况更为复杂困难,农民工落户问题成为户籍制度改革中的又一个羁绊。主要体现在以下几个方面:

一是对农民工的历史欠债较多,大部分农民工在城市无固定收入和固定居所,以农民的身份干着工人的活。他们更无法享有市民同等水平的福利与社保。这种不平等现象延续到农民工的后代,留守儿童进城后却与城市儿童生活在两个世界,学习和生活与城市儿童有差距。

二是农民工总量较大。根据监测调查报告结果,2018 年全国农民工数量达到 2.88 亿人,农民工的总量依旧在扩大。作为当前农民工群里的新主体,新生代农民工数量占农民工总量的五成。外出农民工中,进城农民占比为 76%,庞大的农民工群体给户籍改革带来了巨大压力。

七、户籍制度改革面临合理可行成本分担难题

推动户籍制度改革,意味着城市人口的增加,为提供给外来人口相同的市民待遇,地方政府的财政开支必然扩大。然而,作为社会公共福利及公共服务的财政支出,在短期难以得到经济回报,且原有利益格局也可能被打破,尤其对于承载了较多外来转移人口的城市,户籍制度需要花费的成本高昂。地方政府作为利益博弈的一方,难免出现畏难情绪。落实公共服务体制改革和土地制度改革,必然需要资金支持,也需要合理的成本分担机制。因此,户籍制度改革面临较大阻力。

设计分担成本机制的难点多。一是各省(自治区、直辖市)之间的经济实力和发展状况差异较大,因而农业转移人口市民化的

成本和地方财政的支付能力也存在天壤之别。二是有许多利益相关者,包括中央政府、地方各级政府、企业和个人。各主体的博弈也突出体现在流出地与流入地政府之间。三是中央分税制和转移支付政策之间的调整和改革。四是农业转移人口市民化的成本测算的环节缺失,各地区因福利待遇、土地价格等各方面条件的地区差异,使得农业转移人口市民化的成本测算没有科学、可信的结果。

第三节　新型城镇化过程中城乡户籍制度同步改革面临的机遇

一、国家层面提供政策支持

深化户籍改革,推进新型城镇化建设,是基于社会发展现实需要,国家在政策层面制定了一系列的战略部署(见表 2-4)。

表 2-4　国家层面对户籍制度改革的部署

文件、会议及年份	内 容 要 求
《中共中央关于全面深化改革若干重大问题的决定》(2013 年 11 月)	创新人口管理,加快户籍制度改革,全面放开建制镇和小城市落户限制,有序放开中等城市落户限制,合理确定大城市落户条件,严格控制特大城市人口规模
中央城镇化工作会议(2013 年 12 月)	提出推进农业转移人口市民化、提高城镇建设用地利用效率、建立多元可持续的资金保障机制、优化城镇化布局和形态、提高城镇建设水平、加强对城镇化的管理六大主要任务
《国家新型城镇化规划(2014—2020 年)》(2014 年 3 月)	实现城镇化水平和质量稳步提升。常住人口城镇化率达到60%左右,户籍人口城镇化率达到45%左右,实现 1 亿左右农业转移人口和其他常住人口在城镇落户
《关于进一步推进户籍制度改革的意见》(2014 年 7 月)	到 2020 年,基本建立有效支撑社会管理和公共服务,依法保障公民权利,以人为本、科学高效、规范有序的新型户籍制度,努力实现 1 亿左右农业转移人口和其他常住人口在城镇落户

文件、会议及年份	内 容 要 求
《中共中央关于制定国民经济和社会发展第十三个五年规划的建议》（2015 年 10 月）	推进以人为核心的新型城镇化。深化户籍制度改革，促进有能力在城镇稳定就业和生活的农业转移人口举家进城落户。实施居住证制度，努力实现基本公共服务常住人口全覆盖。健全财政转移支付同农业转移人口市民化挂钩机制，建立城镇建设用地增加规模同吸纳农业转移人口落户数量挂钩机制。维护进城落户农民土地承包权、宅基地使用权、集体收益分配权，支持引导其依法自愿有偿转让上述权益
中央城市工作会议（2015 年 12 月）	把促进有能力在城镇稳定就业和生活的常住人口有序实现市民化作为首要任务。统筹推进土地、财政、教育、就业、医疗、养老、住房保障等领域配套改革。调动农业转移人口进城落户的积极性
《关于深入推进新型城镇化建设的若干意见》（2016 年 2 月）	坚持点面结合、统筹推进，着力解决好"三个 1 亿人"城镇化问题，全面提高城镇化质量；加快实施以农民工融入城镇、新生中小城市培育发展和新型城市建设为重点的"一融双新"工程
《国务院办公厅关于印发推动 1 亿非户籍人口在城市落户方案的通知》（2016 年 9 月）	"十三五"期间，城乡区域间户籍迁移壁垒加速破除，配套政策体系进一步健全，户籍人口城镇化率年均提高 1 个百分点以上，年均转户 1300 万人以上。到 2020 年，全国户籍人口城镇化率提高到 45%，各地区户籍人口城镇化率与常住人口城镇化率差距比 2013 年缩小 2 个百分点以上
十九大报告（2017 年 10 月）	以城市群为主体构建大中小城市和小城镇协调发展的城镇格局，加快农业转移人口市民化

二、经济发展奠定物质基础

经济发展是进行改革的物质保障。2018 年，我国人均 GDP 为 64644 元，按照 6.5% 的潜在增长率，我国预计在 2022—2024 年进入高收入发展阶段。目前经济发展水平为户籍改革创造了较为坚实的物质基础。依据制度变迁理论，改革必然以一定的成本为代价。只有改革成本代价小于制度变迁带来的收益时，制度才会发生变迁。中央政府、地方政府、城市户籍人口和进城落户人口是户籍制度改革的主要利益相关者。从改革的成本—收益分析来看，在中央政府层面，户籍制度改革能够推进新型城镇化建设，推进我国市场化的进程,其带来的收益远远大于成本;在地方政府层面,全面放开中小城市落户限制等落户举措在短期内会对城市的就业、医疗、财政、基础设施等带来一定的压力;但长期来看,落户人口带来的人力资本以及潜在的消费市场会给城市创造财富,城市将是户籍制度深化改革的受益者。

在城市户籍人口层面分析,一方面,进城落户人口对城市就业、医疗、基础设施造成的压力在一定程度上会影响城市户籍人口,给其原本的生活带来一定的不便;另一方面,进城落户的人口会带来吃、穿、住、用、行等各个方面的需求,城市居民可以获得一定的收入,并可以雇佣相对廉价的劳动力等,辩证看待,其负面影响是暂时且可协调的,而其收益是长远且可持续的。在进城落户人口层面,国家实施户籍制度改革,推进以人为核心的新型城镇化旨在实现更多人的公平发展,进城落户人口是户籍制度改革的获益群体。分析表明,中国户籍制度改革的总成本是中国综合经济实力能够承受的成本。对于经济欠发达地区和城市实施改革的成本压力略大,国家也提供了相应的财政转移支付的办法,从而深入推进户籍制度的改革。

三、人民认同破除思想障碍

从一定层面来说,制度也属于公共产品范畴,户籍制度的改革是应时代要求而推进。目前,我国公民对于推进户籍制度改革的呼声渐高、期待值大。当前游离于城市和农村之间群体,除去2.69亿农民工之外,更多的是拥有农村户籍而生活在城市的人群。这些具有"外来户口"的人群迫切希望通过改革,实现身份的"去标签化",破除与生俱来的户籍身份桎梏。特别对新生代农民工,他们比父辈受教育程度高,且初步适应了城市生活,他们有着更高的职业期望,对后代的教育愈加重视,期望融入城市并能定居下来的意愿更强烈。

四、以往改革积累相关经验

中国户籍制度的改革道路不断得到探索和实践,没有一项改革能够一蹴而就,利益交织复杂的户籍制度改革更是如此。无论是"亲属投靠"式、投资落户式、购房落户式、人才引进式、居住证模式还是务工落户模式,都是现实需求下的产物,都为我国今后的改革提供了借鉴意义。改革开放40多年来,中国的户籍改革一直都是进行时,大中小城市都积累了一定的改革经验,为户籍改革的深化铺就道路,使改革前进的方向更加贴近经济增长与城市发展的实际,更符合人民的真实需求。

第四节　基于城乡户籍制度同步改革现状
　　　　　分析的启示

依据户籍制度改革在不同规模城市的实践,进一步分析改革所面临的主要问题,为更有效地开展改革实践提供依据。

一、改革推进需要顶层设计、外部激励和内部互动

地方政府在制定落户条件等各项举措上,无形中强化了自身推行改革的绝对权力,农民与地方政府间的互动被忽视。中央政府在顶层设计层面提出户籍制度改革,但实施户籍制度管

理,提供基本公共服务的依旧是地方政府,因而地方政府对于户籍制度改革享有主动权。地方政府在财权和事权上不匹配,改革过程中需要权衡经济利益与公共福利,因而不能将改革的推动完全托付给自身就有利益诉求的地方政府。户籍制度改革也是几方力量的博弈,应寻求在不同任期的地方政府领导下,实现长期利益与当前利益协调,使地方政府与落户农民利益达到均衡状态。

二、剥离户籍制度附加利益,实现公共服务均等化

当前户籍制度改革都带有城市户籍导向,其实施举措更多的是想方设法让农民获得城市户籍,甚至逼农民进城,赶农民上楼。目前,在新型城镇化过程中,户籍改革深入的实质就是实现均等化的公共服务。20世纪八九十年代,作为"香饽饽"的城市户籍对于农民的吸引力也是源于城市户籍背后的福利与政策。由于社会公共服务与福利制度在城乡人口间的天壤之别,仅仅统一户口登记依旧无法破除城市人口与农村人口之间的藩篱。因此,有必要剥离附着于户籍上的额外权益,加快实现公共服务均等化,逐步缩小乃至消除城乡户籍的差异。给予人与人之间公平公正的发展机会,才是推行户籍改革的终极目标。

三、逐步建立配套改革措施,实现区域资源配置均衡

由于各城市的经济发展与特点不一,各地区要因地制宜,因城施策,不用"一刀切"的方式制定改革标准与措施,最终真正实现人的城镇化,享受到公平与自由。针对大城市及特大城市落户需求大的现状,其原因主要是优质资源颇丰,发展前景令人向往。因而解决地区间的资源配置不均匀有利于缓解大城市人口压力，也能够推进中小城市的新型城镇化进程，且对于解决流动人口问题也大有裨益。

四、推进相关制度改革，推动户籍制度的深化改革

在土地管理制度改革中制定合理的政策，对农村土地进行确权颁证，保护农民的土地使用权，开设土地流转市场，既能盘活土地资源，又能增加农民收入，让农民欢喜进城无后顾之忧；在教育制度配套改革方面，促进城市教育管理制度改革，推动教育资源向中小城市倾斜，支持流动人口子女教育发展；在医疗配套体制改革中，努力实现城乡统一的医疗救助；在劳动就业制度配套改革中，完善城乡统一的劳动力市场，营造公平、公正的城镇就业大环境，完善劳动合同制度；在社会保障制度配套改革中，扩大保险覆盖面，提高农村社保水平，使社会保障脱离户籍身份限制，实现城乡一体化；在住房配套制度改革方面，建立覆盖全体公民的住房保障系统，让人人享有住房成为现实。

五、充分考虑农民诉求，以保障农民合法权益为导向

一部分不愿意进城落户的农民，他们的想法大多是在城市里工作不稳定，没有归属感，自身权益得不到保障，不被城市所接纳，以及根深蒂固的"落叶归根"的思想，农村的住宅、土地、社会关系能给他们带来安全感，这是现实里的一条退路。农民更期许的是城市户籍带来的社会保障和待遇的提升，而并非城市户籍本身。也有一部分农户不愿放弃农村集体土地的收益，不愿退出以原有的宅基地为代价获取城市户籍和待遇，甚至有些地区将户籍制度

改革的进度作为指标任务下达,不顾农民意愿强行转户,背离了户籍制度改革的初衷,这些改革中的矛盾都可能让改革难以呈现理想效果。

第三章 国内典型地区城镇化过程中城乡户籍制度改革的案例分析

第一节 国内户籍制度概述

一、我国国家层面户籍制度的制度变革

我国现行的户籍制度是在计划经济、重工业优先发展的工业化道路上形成的。自1949年新中国成立以来,我国的户籍制度在不断完善和改革,但是仍不能满足人民群众的基本需要。我国历史以来的户籍制度改革,可分为三个阶段:一是1949—1957年(二元户籍的过渡阶段);二是1958—1978年(城乡二元户籍制度巩固时期);三是1978年至今(户籍制度的调整和改革)。具体变化可见表3-1。

表3-1 中国户籍制度相关法案变革

年份	名　称	主要作用
1950	《关于特种人口管理的暂行办法(草案)》	对反革命分子进行监视

年份	名　　称	主要作用
1951	《城市户口管理暂行条例》	规范城市户口登记和管理,维护社会治安、保障人民安全及居住、迁移自由
1953	《全国人口调查登记办法》	农村简易户口登记制度逐步建立
1959	《关于制止农村劳动力流动的指示》	不让农民弃农兴工("大跃进"期间)
1962	《关于加强户口管理工作的意见》	严格控制农民向城市落户
1964	《关于户口迁移政策的规定(草案)》	"严加限制"进一步划分了城乡之间人口迁移的界限
1977	《关于处理户口迁移的规定》	第一次提出"农转非"并要求严格控制农转非
1979	《关于严格控制"农转非"的意见报告》	严格限制"农转非"
1984	《关于农民进入集镇落户问题的通知》	中国户籍制度改革的一个规范性的政策规定,是一项重大改革,具有突破性意义
1985	《居民身份证条例》	对流动人口实施有效地管理
2014	《进一步推进户籍制度改革》	其中明确指出不再区分农业和非农业户口,再一次强调统一的居民户口。
2019	《2019 新型城镇化建设重点任务》	全面放开Ⅰ、Ⅱ型城市落户限制,完善超大特大城市积分落户政策

二、户籍制度在全国各地的发展

目前我国各地的户籍制度有所差异,是因为在过去的几十年里,户籍制度改革是在中央制度和地方分散执行下进行的。户籍制度作为国家的基本管理制度,在计划经济以及改革开放时期都发挥了十分重要的作用,是我国各地差异化制度的有效保障,但是也带来了十分严峻的负面影响。我国各地的户籍制度有差异的根本原因在于,不同城市的经济条件、社会文化条件存在差异。随着城市的不断发展,户籍制度也随着变革。但是也存在城市越发展户籍限制越严格的情况。

根据城市规模,在地方层面上,落户制度可以分为准入制和积分制。准入制是指根据不同种类人群予以特殊规定,比如以一般从业人员、人才引进、留学回国、亲属投靠、投资与购房等维度对人群进行划分,并制定相应的落户标准。① 在我国有些地区实行介于暂住证户口和正式户口间的一种户口——蓝印户口,蓝印户口可以享有部分户籍所带来的权利。

另外一种落户制度为积分落户制度,2014 年出台的《关于进一步推进户籍制度改革的意见》中分别对 100 万—500 万、300万—500 万、500 万以上的城市进行了实施积分落户制度的细则。但是在 2019 年 3 月出台的《2019 新型城镇化重点建设任务》中全面取消了人口 500 万以下城市的落户限制,保留了 500 万以上人口城市的积分落户制度。

第二节　国内典型地区城镇化过程中户籍制度发展评述

一、上海市户籍制度评述——居住证过渡

(一)特殊政策"蓝印户口"

1994 年上海市实行蓝印制度,"蓝印户口"的初衷是为了引进人才,"蓝印户口"所适用的对象是对上海市有投资的商人、购买商品房的公民等外省人士。蓝印户口是一种介于正式户口和暂住

---

① 　孙文凯:《中国的户籍制度现状、改革阻力与对策》,《劳动经济研究》2017 年第 3 期。

户口之间的一种过渡户口,因为加盖的是蓝色印章,故称为蓝印户口。

对于投资类的蓝印户口,上海市曾规定以下条件:如在市中心或浦东新区投资达 100 万元,在郊区投资 50 万元等。对于购房类的要求:在市中心购买房子总额达 35 万元。对于聘用类要求:有中级以上专业技术职称等。

上海市持有蓝印户口者所享受的待遇几乎和本地人相同。据上海市统计局统计,截至 2001 年年底,聘用类入上海市蓝印户口的人只有 2%,这与上海市引进人才的目的不相符合。

(二)全面实施居住证制度

2002 年 4 月,上海市率先使用居住证制度。居住证过渡是指外来人员在符合条件的情况下,可以办理居住证,以此来获取一定的福利,达到一定条件后,持证人可以申请转为城市常住人口。[①] 但是结果不尽如人意,该制度的适用对象为拥有特殊才能或者拥有本科以上学历的人,不改变其原有户籍及国籍可以申领居住证,其目的也是为了引进人才。在 2004 年 10 月,上海市出台"上海市居住证暂行规定",此次出台政策把"引进人才"进一步扩大范围。持有居住证的人员即可享受上海市政府给予的各项福利:如子女教育、职业资格考试、考取驾照、申报科技成果、养老、公积金和医保等。

上海市居住证有正式和临时之分。正式居住证与蓝印户口有相似之处,即有投靠类、从业类、人才引进类。临时居住证是发给来上海市居住超过 3 天以上的非上海市户籍的外来人士。另外,

---

① 李育林、张玉强:《新型城镇化背景下的大城市户籍制度改革模式研究——基于广州、上海和重庆的比较》,《湖南广播电视大学学报》2014 年第 3 期。

居住证的时效也有区别,正式身份证有效期为 1 年、3 年、5 年、可续签。而临时居住证有效期只有半年,且不可续签。正式居住证中的人才引进类居住证,可以享受"三金"待遇,其他类型不得享受。而临时居住证只能让持有者享受综合保险。

上海市居住证制度在一定程度上帮助上海市在引进人才时筛选出更合适上海市的人才,一定程度上能帮助上海市稳定社会治安。但是,上海市本地户口持有者,与正式居住证、临时居住证持有者所享受的待遇是不平等的,甚至那些在上海市贡献较多的退休人员,都无法享受本地户口持有者所享受的待遇。

另外,自 2004 年起,上海市政府对其高校毕业的学生进行户籍评分政策。申请居住证的学生要求累积分达到标准分,才允许办理《上海市居住证》。而这种评分标准对一些毕业生也十分不公平,如同样是"211"院校,上海市的院校要比非上海市的院校高 5 分。在 2007 年有人大代表提出取消这一制度。代表认为,这样的"评分方法"并不能使人才得到充分引进,选择其所需要的人才应由市场所决定,要制定合理、公正的门槛。

(三)采取居住证积分制度

2009 年,上海市允许高素质人才入户成为本市常住人口。如持有上海市居住证满足一定条件且已持有 7 年以上,就可以获得上海市户口。这是上海市进行的第四次户籍改革。户籍新政的主要内容是:7 大指标得分累积分得 100 者,可获得入户上海市的条件,7 大指标是:学历、在沪就职、缴纳社会保险、缴纳个人所得税、特殊成就、在沪创业投资纳税、外省(自治区、直辖市)(海外)工作资质。此次户改的目的,仍是为了引进人才,而且申请入户上海市的人才,必须拥护党的领导,没有犯罪记录,且有学历最低限制(大专以上)。

2013 年 6 月,上海市出台"上海市居住证积分管理试行办法"。方案设定总分值为 100 分,有两个途径可以落户上海市,一是"七大指标"如学历、特殊贡献等。二是时间累积,如通过深造导致学历上升、职位提高、纳税指数增加等。上海市的现行户籍制度,从其中的条件来看,满足其条件者往往是社会的精英阶层。可以看出,上海市实行的户籍制度重视高技术人才的引进。

二、郑州市户籍制度评述——户籍全面开放到适当开放

(一)全面放开落户条件的"户籍新政"

郑州市作为河南省的省会,河南省又是人口最多的省份,其户籍制度的改革在我国的起步并不算早,但是其改革的内容是引人注目的。郑州市政府在 2001 年政策改革内容为:(1)放宽投亲入户的条件。(2)孩子户口随父随母。(3)购房入户。(4)放宽投资入户的条件。(5)学士、硕士、博士先入户再择业。(6)外地企业职工迁入有新规。

(二)依靠户籍制度扩大城市化规模却造成城市病

郑州市这次户改的目的主要是扩大城市规模,加快城市化进程。在 2003 年,郑州市政府出台政策规定:取消农业户口、非农业户口、暂住户口,统一为郑州市居民户口。

郑州市的户籍制度改革可以说是全国户籍制度改革的先河,但是由于户籍制度的完全放开,导致社会资源分布不均以及城市

交通情况压力增加,郑州市政府在 2004 年 8 月 20 日,由于城市不堪重负,"户籍新政"被叫停。

(三)落户门槛不断降低的户籍制度改革

2017 年 7 月 5 日,郑州市政府发布了新政策,以往的落户郑州市的条件包括直系亲属投靠、购房、工作调动、外来务工人员(参加城镇社保 2 年)、引进人才、投资纳税、成建制迁移、复原和转业军人落户的政策。此次户改增加了 7 种重点入户群体,这 7 种群体主要是针对城市的农村人口,主要包括:一是在城镇就业且居住 5 年以上的农村转移人员;二是举家迁移的农业转移人员;三是新生代农民工;四是农村籍高校录取新生;五是高校毕业生、职业院校毕业生、技工;六是留学归国人员;七是农村籍城镇户口的退伍转业军人。这 7 种落户群体的增加,可见郑州市此次户改的进步,在 7 个群体中,有 4 种群体与农民有关。

表面上看,郑州市落户的条件门槛较低。但是实际准入的条件也很复杂。例如,要求合法稳定的就业,如国家机关、企事业单位、个体店铺等类型可以入户。但是,真正的劳动关系需要正式的劳动合同来证明,而根据目前的社会现状,不少人在给私企或者某些小型公司工作并没有签订合法的劳动合同。合法稳定的住所(含租赁),从严格意义上讲,现阶段郑州市市面上绝大多数的出租屋都是不够条件的。合法的出租屋要经过登记备案,而绝大多数的房东是不愿意去房屋租赁登记处去备案登记的,因为要交纳出租税和租赁手续费。总体来说,郑州市的户籍制度改革,大大降低了郑州市落户的门槛。

三、成都市户籍制度评述——城乡统一户籍制度

成都市作为四川省的省会,在 2003 年便开始了对户籍制度进行改革。成都市现行的户籍制度,是在 2010 年发布的《关于全域成都城乡统一户籍实现居民自由迁徙的意见》基础上改善和完备的。8 年的不断完善使得成都市的户籍制度走在了中国的前列。三个主要特征分别如下:

(一)实现城乡居民真正意义上的自由流动

这次改革的覆盖范围是成都市域全部,并且取消了诸多的条件限制,几乎没有限制条件,适用人群是成都所辖范围内的所有居民。

要建立人口管理体系,对公民的各方面基本信息进行登记,如:婚姻、就业、社会福利保障等,使户籍成为登记管理的手段,城乡居民可以在成都市辖区任意地点落户,实现了城乡户口一元化。①

成都市户籍制度改革,以国家的基本国情为出发点,建立了一元化的户籍管理制度,稳步推进改革。在原则上,成都市政府坚持先解决现有的户籍存量问题,再对增量进行合理引导,并从实际出发。

成都市户籍改革,率先提出消除城乡居民在城乡之间流动的限制,对公民自由迁徙体现了充分的尊重。而且这种迁移的真正自由在于,城乡之间的相互迁移,即农民可以迁移到城市,城市居民也可以迁移到农村去,实现了真正的一元化户籍制度。在成都市发布的《关于全域成都城乡统一户籍实现居民自由迁徙的意

---

① 　成都:《"农民"不再是身份》,《四川党的建设(城市版)》2010 年第 12 期。

见》规定,农民可以在城市的实际居住点办理户口登记,城市人口也可以去农村生活,其户口也可以登记为农村户口。这项制度变革,是我国户籍制度改革的一项重大突破。

在该意见中还指出,农民是可以不放弃农村的宅基地以及耕地到城市生活的。全国首例对农村土地产权的改革也是发生在成都,并且将农村的土地产权和宅基地都进行了确权,因此,农民拥有了农村财产的产权证。这就保障了即使农民进城落户也不会丢失农村的土地。成都市户改在促进社会公平公正和民主发展中发挥了积极的作用,对依附在户籍制度改革下的土地产权制度的改革也作出了巨大的努力,在维护农民的利益方面,没有采用土地来交换城市社会福利的改革方式。持有农村土地产权证的农民,可以在享受城市社会福利的同时,保留自身的宅基地和耕地的合法权益。

成都市户改是为了城乡统一户籍,同时,使得城乡之间的公共服务等措施无差别化,使城乡居民平等权利的实现得到基本的保障。①

(二)保障了城乡公共服务的统一

在传统的户籍制度的影响下,中国的户籍制度目前大致呈现的是二元化现象。在这样的背景下,城乡之间的公共服务和社会保障体系之间存在巨大的差距。成都市户改的另一大亮点就是,在改变二元化户籍制度的同时,逐渐转变在社会保障、就业、教育等方面的城乡差距,政府尽可能地在城乡之间达成一种平等。

在市民的自主性选择方面,成都市政府允许城乡居民根据自

---

① 魏滔:《我国户籍制度改革模式研究》,广东海洋大学 2012 年硕士学位论文。

已在何处定居的意愿,让市民自主选择适合自己的职业和工作,充分尊重市民的自主意愿。成都市政府坚决反对强迫农民进城的方式,来加快城镇化进程。因为农民在城市落户,必须尊重其真实的生活、经济状态,以及城市对人口数量的承载量。在中央政府的指导下,成都市政府充分放出了空间,然后根据城市居民的实际情况实施了政策。在城市对城镇常住人口的发展趋势进行分析后,有弹性地提供合理的公共服务,在这样的弹性政策下,促进农村人口的快速城市化,确保其平等获得公共服务。

(三)城乡一体化协同发展

在我国城乡的经济发展过程中,城市发展迅速,现阶段我国已经进入后工业化时期,城市的经济发展状况要远远好于乡村的经济发展状况。成都市进行户籍制度改革进程中,真正实现了能促进户籍制度改革顺利进行,拉近了城乡之间发展的差距,以城市反哺乡村的战略计划,成为成都市户籍改革的亮点之一。

成都市站在统筹城乡发展利益的出发点上,对户籍制度进行了调整和改革。成都市户籍制度改革的发展历程,一直朝着城乡统筹发展的战略目标迈进。从制度和机制的角度,成都市城乡改革已经突破了城乡对抗的现象,在一定程度上促进了新型城乡关系的形成。成都市政府对户籍制度改革进行总体规划,在调整城乡空间结构,构建市场机制,完善基础设施和构造管理机制等方面进行改革。"三农"问题是城乡发展不均衡的一大"软肋",成都市政府在户改的背景下,对"三农"问题提出解决方案,并在全市范围内的乡村全面实施"四大基础工程",在一定程度上夯实了农村经济发展的基础,为户籍制度改革提供内在动力。

目前,成都市已经逐渐构建起了新型的城乡关系,城乡发展之间的壁垒不断被破冰,城乡发展之间的差距也在不断缩小,城乡经济上的二元结构也在不断破解。

四、浙江省户籍制度评述——居民均等化享受公共服务

(一)取消农业户口的不断探索

1994 年,浙江省率先在温州市龙港镇进行户籍改革试点,试点允许农民进入城镇办理户口,并通过该试点推广到 124 个小城镇。1998 年出台了投资落户政策。2000 年,浙江省取消了进城限制以及"农转非"指标限制。2002 年,浙江省取消了县市以下城市的落户限制,只要具备工作和住所的公民都可以办理城市户口。2003 年,海宁进行了废除户口性质的试点工作。2008 年,嘉兴市统一城乡居民户口为"居民户口",并给予了所有嘉兴人民无差异化对待。2014 年温州市在省内率先取消了农业户口和非农业户口的差别,统一登记为"居民户口"。2017 年起,浙江省全省统一城乡户口。

(二)政府重视取消二元户口后的进城农民的权益保障

2016 年年底,浙江全省全面取消户口区分。浙江省居民将享受平等的基本公共服务,破除户籍壁垒,让居民户口在省内自由迁移,是新型城镇化建设的任务之一。然而真正意义上打破城乡二元户籍结构,最重要的是将城市户口所带来的一系列红利真正落实到居民头上。浙江省提出完善农村产权制度,将城市的基本公共服务覆盖面扩大到农村,建立起城乡统一的社会福利保障制度。

将农民进城后依然拥有土地承包经营权以及宅基地使用权作为户籍制度改革过程中的重要任务。

（三）新型居住证使外来人口享受更优质的配套服务

浙江省户籍人口有近 4910 万人，省外流动人口仅次于广东省，流动人口占户籍人口的比重是全国首位。在户籍制度改革过程中，如何保障外来人口在浙江省的基本权利，实现社会公共服务的平等，是浙江省政府在改革工作中的重点。在浙江省有这样的案例：在浙江省德清县务工的河南籍邵某，务工时间 7 年，因为户籍制度的原因，孩子在家成为留守儿童，父母在家成为空巢老人。德清县政府在户改的指导下，推行新型居住证制度，该外籍男子在合法的情况下，租到了公租房，还解决了孩子的上学问题。户改要求各地政府对外来人口的就业、医疗教育等方面尽可能提供平等的保障。

五、苏州市户籍制度评述——逐渐放宽的落户政策

（一）国家政策准入与积分落户并行

2012 年 5 月，张家港市率先实行了积分落户制度，个人积分达到一定分值时，积分者的孩子可以进入公立学校，并参与当地居民的基本医疗保险。在张家港市成功试点项目的基础上，苏州市于 2017 年 1 月发布了"苏州市流动人口点管理办法"。与此同时，苏州市政府进一步调整了"苏州市户籍准入管理办法"，两个规定实现有效衔接，其中最为典型的是将购房入户以及投资入户纳入了积分入户的范围内。

（二）紧随国家政策却仍旧严格的积分落户政策

2003 年，苏州市政府颁布了"苏州市户籍登记管理暂行办法"，规定苏州市申请居留登记的条件是稳定的住所和工作。并设立了买房和投资入户的准入细则。2007 年，苏州市公布了"苏州户籍登记暂行办法"，调整了购房投资条件。2011 年，苏州市试行居住证制度。2019 年 4 月，国家发展和改革委发布了"2019 年新城镇建设的关键任务"，苏州市常住人口超过 1000 万。作为特大城市，苏州市政府推动新一轮的户籍制度改革，紧跟国家政策，大幅增加了落户规模，精简了积分落户项目，其中缴纳社保年限和居住时长占主要比例。目前有四种解决方式，即购买房屋，积分结算，人才引进，投资落户。苏州市政府对落户要求有所放宽，但与成都市等地的落户准则相比，仍较为严格。如积分进入家庭、积分高、配额有限、期限长等。

（三）偏向人才引进型的户籍制度改革

苏州市政府在户改中，取消了购房落户的方式，对年龄、学历等有限制，主张先就业再落户。总体来看，苏州市此次户改的方向是以引进人才为目的。这背后的原因，是苏州市经济结构转型的需求，苏州市作为上海市发展的"后花园"，吸纳了上海市的制造业产业，这些制造业对苏州市 GDP 有显著贡献。苏州市经济发展水平在长三角地区仅次于上海市，苏州市也面临着产业升级的需要。而这样的偏向吸纳人才的户籍制度改革，也代表着苏州市政府对城市创业转型的决心，因为人才是一个城市向三产服务型城市转型必需的。这是苏州市根据其城市的发展需求而改革的户籍制度,体现了苏州市因地制宜地进行户改的原则。

第三节　借鉴国内典型地区城乡户籍制度改革案例的启示和建议

一、借鉴国内典型地区城乡户籍制度改革案例的启示

综观我国各地的户籍制度,某些地区已经走在了中国户籍制度改革的前列。在全面建成小康社会阶段,要求户籍制度与时俱进,需要国家制定有效的政策。当然,我国的户籍制度从历史作用的角度来看,其作用巨大,稳定了国家治安,对我国城乡户籍制度改革的启示主要有以下方面:

(一)户籍法制化程度低会阻碍公民权利的实现

我国户籍制度曾将公民分为农村居民和城市居民,存在户口等级,制造了社会的不平等,限制了公民自由选举权和被选举权、限制了公民就业权的平等、限制了公民受教育的权利、限制了公民的迁徙自由。虽然现阶段国家要求实行城乡统一的居民户口制度,但跨区域流转人口的户籍问题仍未解决,且二元户口制度对社会经济发展以及对后续户籍制度改革仍存在深远影响。从户籍制度改革伊始,我国并没有一部权威性的户籍法律法规指导改革工作,与之配套的妇女、未成年、老年人权益也未得到合理的修缮并有机集合起来。

（二）户口迁移受限会使劳动力分配不合理

中国户籍制度迁移政策较为严格,如何解决好农村剩余劳动力合理转移,是我国现实情况下最需要考虑的问题之一。[①] 从郑州市 2001—2003 年户籍制度改革的结果看,由于城市里拥有优质资源,农村居民不断涌入城市,必定导致城市人口机械式增长,人口膨胀冲击了社会保障体系的稳定,快速的城市化进一步引发城市病。因此,如何合理改革迁移政策,合理分配劳动力,仍是我国户籍制度改革的一大难题。

（三）现行户籍制度社会对人口管理职能有待加强

近年来,随着城市建设步伐的加快,人口的流动和身份变化,人们的实际居住地和户籍所在地不一致,且计划经济时代和市场经济时代所需的户籍管理模式不同,"人户分离"的情况越来越突出,进而导致政府对人口管理的职能削弱。带来的问题主要有:增加户籍管理服务难度、增加出租房和暂住人口管理工作难度、增加常住人口管理难度等。

（四）现行户籍制度固化了经济社会二元结构

户籍制度带来的城乡户口的二元结构,导致了城乡二元化管理模式的差别,进而导致城乡之间不平等发展,导致社会的不健康发展,从而扩大了地区差距,扩大了社会的不平等,因此,一定程度上会影响社会的长治久安。

---

① 王亚伟:《新型城镇化建设中户籍制度改革问题研究》,山东师范大学 2015 年硕士学位论文。

二、借鉴国内典型地区城乡户籍制度改革案例的建议

(一)完善户口登记制度

户口登记是一个国家进行户籍管理的重要部分,是一项基础工作。应打破原有的以农业和非农业为区别的登记方式,以居住地为标准进行登记。

从世界的人口管理看,户口只是表明一个人居住区的一项证明,并没有职业差别。在我国起初建立户籍制度时,农业和非农业户口的区别非常明显,而随着社会的发展,很多农业户口开始进行非农业生产。因此,应该统一登记,以居住地为标准,确认公民的户口类型。一个完善的户口登记制度,对国家提高社会管理质量十分重要。

(二)遵循市场规律,有效地通过市场手段调整公民迁徙

利用行政手段对公民的人口流动和迁移进行限制,所造成的影响十分消极。借办居住证等手段,只是过渡性手段。固化的制度,会产生固化的等级性。只对高素质人才有效实行的户籍制度,会导致人才配置的不合理。

目前,我国城市化的发展道路是,合理控制大城市规模,发展中小城市群。依据人们的流动偏好来说,大城市具有真正的吸引力,如果不合理控制大城市的流动人口,很容易出现"贫民窟"现象。中国解决过度城市化问题的一大难题是解决庞大的农村剩余劳动力。因此,应当将现代农业与小城镇结合起来,合理安排农村剩余劳动力。国家发展和改革委在 2019 年所推出的文件中要求:"全面放开小城市落户条件,各中小城市应加快改革的步伐。"当

前,绝大多数中小城市和小城镇的落户条件已经放开,只有少数大城市和特大超大城市还存在落户限制,而户籍在公共服务和社会福利上的歧视性分配功能也主要存在于这些规模较大的城市中。

应当让市场本身来调整人才流动,全国各地的经济发展水平不同,全面放开户口会导致人才涌入发达地区。要求我们合理利用市场机制来配置人才资源,减少行政干预。

(三)加快完善户籍法规

法律制度是维护社会和谐的基础,也是实现公平正义的基本保障。户籍制度的改革需要用法律手段来体现现代社会的特征"自由、平等"。我国现阶段的社会主义法制建设正在不断完善过程中,而户籍制度是一种与我国特色社会主义制度相适应的制度,必须建立起法律上的权威,加快和完善户籍制度的相关立法以促进户籍制度改革稳步进行。

完善户籍法规,以合理平衡公民在资源配置上的权利和义务。随着户籍制度改革的推进,现行户籍法规逐步加大了转移人口的落户资格认证。例如:2017年上海市政府公布了《上海市居住证管理办法》,该办法第17条进行了规范,包括"参加社会保险的权利,缴存、提取和使用住房公积金的权利,接受义务教育的权利、接受基本公共就业服务的权利"。但并没有具体说明户籍权利的制度内容、户籍权利行使的细则、户籍权利的救济等内容。《上海市居住证积分管理办法实施细则》的相关规定中户籍获取的加分条件包括:"在本市创办企业,且雇佣本地户籍职工。"说明未落户居民本身虽享有政府对其劳动权的保障,但与此同时,劳动权的制度性保护本身是不公平的。权利、义务的明确,另外一个目的就是防止非落户居民承担其不应当承担的现实义务,阻止隐形经济利益的出现。权利与义务的对等状态越偏离,说明户籍法规在公平性设计上瑕疵越大。

户籍制度管理是一项严肃的工作,我国在 1958 年颁布的《中华人民共和国户口登记条例》是我国现行户籍制度的雏形,该登记条例自 20 世纪 50 年代形成后作为一项基本社会管理制度沿用至今。户籍制度必须依法而行,使得法律成为户籍制度改革之路的保护伞。户籍制度的改革也必须和相近时期所出台的法律法规相衔接,以免出现混乱的情况。应加速制定具有中国特色的《户籍法》来规范户籍管理制度。通过户籍立法把公民所享受的权利和义务规定下来,为实现对户籍制度进行全面的改革,在改革过程中有法可依,因此,应该加速立法。

户籍制度改革的核心在于消除附加在户籍制度上的各种不平等福利,实现公民身份上的真正平等。配套完善社会保障法、教育法,以法案的形式来确保所有的公民享有平等权利。及时修改和完善劳动法等法规,切实保护劳动群众不会因为户籍的不同而受到歧视。

(四)其他配套政策改革

户籍制度关系每位公民的切身利益,牵扯人口管理、社会保障、就业服务、基础设施、土地、政府财政等各方面的政策,牵扯错综复杂的利益关系,改革户籍制度不能只就户籍本身考虑,要作出综合性、系统化的决策。① 只有通盘考虑,才能健康有序进一步推

---

① 刘语晴:《新时期我国户籍制度改革研究》,新疆大学 2017 年硕士学位论文。

行户籍制度改革,这就要求制度设计者统筹规划、系统协调创新方案,各相关部门之间、中央与地方、各地区相互配合、通力协作,才能共同将改革进行下去。

同时要推进土地确权,保障农民的基本权益,鼓励农民更好地参到集体经济当中,加快农村经济发展,实现利润最大化,引导农民合理合法地进行土地承包经营权的流转。

第四章　新型城镇化与城乡户籍制度改革

——基于耦合协调模型的分析

第一节　新型城镇化与城乡户籍制度改革的
耦合作用机制

　　新型城镇化概念于党的十八大报告中首次提出,此后2012年中央经济工作会议、党的十八届三中全会、2013年中央城镇化工作会议等多个会议不断强调要走新型城镇化道路。2014年,中共中央、国务院发布了《国家新型城镇化规划(2014—2020年)》,同年12月,《国家新型城镇化综合试点方案》出台,将全国62个城市(镇)列为国家新型城镇化综合试点地区。而新一轮城乡户籍制度改革始于文件《国务院关于进一步推进户籍制度改革的意见》。此后新型城镇化与城乡户籍制度改革成为共生词汇,文件的颁布与政策的制定也围绕二者而展开。2015年《居住证暂行条例》、2016年《国务院关于深入推进新型城镇化建设的若干意见》与2019年出台的《2019年新型城镇化建设重点任务》等文件都提出要深化户籍制度改革、推动新型城镇化实现高质量发展。

由此可见,新型城镇化与城乡户籍制度改革是紧密联系、不可分割的关系,二者互为基础、相互促进。城乡户籍制度改革是我国全面深化改革、推进新型城镇化、实现城乡一体化发展的重要举措。目前,我国社会资源的分配与再分配都在不同程度上依赖现有的户籍制度,而新型城镇化是以人为核心的城镇化,要求消除城乡差异,加快人口的自由流动。深化城乡户籍制度改革,合理引导人口流动,废除城乡二元结构体制,能够助力新型城镇化进程;新型城镇化又可以推动农业转移人口的市民化进程,促进农村劳动力有序转移,有效吸纳农村人口。农村就近城镇化的快速推进将有利于破除城乡二元结构体制,使农民享有城市居民所享受的福利待遇,为城乡户籍制度改革提供强大动力。

新型城镇化与城乡户籍制度改革在近年来的发展中必然存在协调性和非协调性,从全国层面出发,选取自改革初始年2014—2019年共六年的数据,通过借鉴已有的耦合理论研究,构建新型城镇化与城乡户籍制度综合评价体系和系统耦合协调模型,对两者协调发展的趋势和程度进行评价,分析我国新型城镇化与城乡户籍制度改革的发展水平以及两者之间的耦合协调水平。

第二节　构建评价指标体系

一、评价指标体系的构建

本书遵循系统性、科学性和可操作性原则,构建综合评价指标体系。综合评价指标体系分为新型城镇化系统和城乡户籍制度改革系统两个子系统,体系共 24 个具体指标。子系统分为目标层、因素层和指标层三层,子系统各有 12 个具体指标。为方便统计,将新型城镇化系统目标层设为 X;因素层设为 X_A,X_B,X_C,X_D;指标层设为 X_1,X_2,X_3,$\cdots$,X_{12}。将城乡户籍制度改革系统目标层设为 Y;因素层设为 Y_A,Y_B,Y_C,Y_D;指标层设为 Y_1,Y_2,Y_3,$\cdots$,Y_{12}。

新型城镇化系统从"三生"即生产、生活、生态协调发展着手,通过第二、第三产业产值比重、人均 GDP、GDP 增长速度和固定资产投资增长率指标考察城镇化生产协调因素,用以了解生产空间的集约高效程度;利用常住人口城镇化率、城镇登记失业率、税收增长率和 CPI 增长率指标测试城镇化生活协调因素,用以了解生活空间是否宜居适度;根据人均公共绿地面积、建成区绿化覆盖率、单位 GDP 能耗、空气质量达标城市率指标评价城镇化生态协调因素,用以了解生态空间的山清水秀程度。

城乡户籍制度改革不只是改革户籍制度,更是一种利益分配方式的优化,它对居民的生活方式和行为习惯也产生了极大的影响,因此通过户籍状况、生活状况和保险保障三个方面构建城乡户籍制度改革系统。通过农村人口数、城市人口数和人户分离人口数指标衡量户籍现状,利用城乡居民人均可支配收入差异、城乡恩格尔系数差异、商品房销售面积、社区服务机构数量、城镇新增就业人数和农民工数量等指标考察城乡居民生活现状,根据基本养老保险参保人数、基本医疗保险参保人数、工伤保险参保人数指标评价城乡居民保险保障现状。

新型城镇化评价指标体系与城乡户籍制度改革综合评价指标

体系分别详见表4-1、表4-2。

表4-1　新型城镇化评价指标体系

目标层	因素层	指　标　层	指标性质
新型城镇化（X）	城镇化生产协调因素	第二、第三产业产值比重（%）	+
		人均GDP（元）	+
		GDP增长速度（%）	+
		固定资产投资增长率（%）	+
	城镇化生活协调因素	常住人口城镇化率（%）	+
		城镇登记失业率（%）	－
		税收增长率（%）	+
		CPI增长率（%）	－
	城镇化生态协调因素	人均公共绿地面积（平方米）	+
		建成区绿地覆盖率（%）	+
		单位GDP能耗（吨标准煤/万元）	－
		空气质量达标城市率（%）	+

注：指标性质分为两种：正向指标（+），即指标数值越大越好；负向指标（－），即指标数值越小越好，下同。

表4-2　城乡户籍制度改革综合评价指标体系

目标层	因素层	指　标　层	指标性质
城乡户籍制度改革（Y）	户籍状况	农村人口数（亿人）	－
		城市人口数（亿人）	+
		人户分离人口数（亿人）	－
	生活状况	城乡居民人均可支配收入差异（元）	－
		城乡恩格尔系数差异（%）	－
		商品房销售面积（万平方米）	+
		社区服务机构数量（个）	+
		城镇新增就业人数（万人）	+
		农民工数量（万人）	－
	保险保障	基本养老保险参保人数（万人）	+
		基本医疗保险参保人数（万人）	+
		工伤保险参保人数（万人）	+

二、指标权重的确定

（一）指标标准化

选用 2014—2019 年共六年的数据对我国新型城镇化和城乡户籍制度改革现状进行分析。为确保数据的科学性和准确性,新型城镇化与城乡户籍制度评价指标的初始数据来源于 2014—2019 年《国家统计年鉴》、2014—2019 年《国家年度统计公报》、2014—2019 年《中国国土绿化状况公报》和《新中国成立 70 周年经济社会发展成就系列报告》等文件以及国家统计局官网、中国林业网等网站。

在进行综合评价时,由于各项指标的初始量纲有所不同,所以要通过数据转换来消除评价指标观测值的量纲影响,对这些数据进行标准化处理,研究运用极差转换法消除指标数据量纲。极差反映数据的离散程度和变量分布的变异范围,它能体现一组数据波动的范围。极差越大,离散程度越大;反之,离散程度越小。极差转换法则是通过实际值与极差的对比来消除指标量纲,达到无量纲化目的的方法。

指标分为正向指标和负向指标,正向指标是指数值越大越有利于评价目标的指标,见式（4-1）,负向指标则相反,见式（4-2）。

对于正项指标：
$$X' = \frac{X - \min X}{\max X - \min X} \qquad (4-1)$$

对于负向指标：
$$X' = \frac{\max X - X}{\max X - \min X} \qquad (4-2)$$

标准化处理后 X、Y 的标准化如表 4-3 所示：

表4-3　指标标准化

指标/年份	2014	2015	2016	2017	2018	2019
X1	1.27154	0.88361	0.62499	0.28017	1.18533	1.31464
X2	2.00725	0.38374	0.17711	0.44278	0.76748	1.00362
X3	1.28653	0.91454	0.46492	0.23379	0.84206	1.59015
X4	1.49924	0.47119	0.04284	0.21418	0.29985	1.84192
X5	1.53146	0.86365	0.23600	0.35148	0.88373	1.39589
X6	1.06189	0.82591	0.64893	0.05899	0.64893	1.82881
X7	0.52258	0.42757	0.58593	1.44106	0.68094	1.63109
X8	0	1.26962	0	0.84641	0.21160	1.90443
X9	1.64138	0.95251	0.05953	0.70588	0.96102	0.98653
X10	0.92799	0.62274	0.58883	0.19314	0.25908	2.07361
X11	1.53065	0.94526	0.23522	0.51085	0.98458	1.21569
X12	1.58219	0.56039	0.27219	0.11208	0.67974	1.62294
Y1	1.52038	0.85333	0.25080	0.32496	0.87791	1.42164
Y2	1.52382	0.87832	0.23810	0.36309	0.88830	1.38885
Y3	1.35396	0.66257	0.31688	0.14404	0.72019	1.75726
Y4	1.29876	0.85351	0.38891	0.14831	0.67272	1.72016
Y5	1.50446	1.05153	0.19748	0.71017	1.02165	1.02165
Y6	1.57381	1.16508	0.25696	0.66710	0.84476	0.97008
Y7	1.66812	0.41703	0.41703	0.20851	1.45960	0.83406
Y8	0.67239	1.17668	1.07582	0.79006	1.29435	0.84048
Y9	1.53164	0.94434	0.23692	0.56560	0.87260	1.27469
Y10	1.16101	0.83067	0.49128	0.12203	0.90699	1.69799
Y11	1.19874	0.98483	0.74040	0.61447	1.13935	1.17015
Y12	1.26197	0.77815	0.47970	0.03872	0.74437	1.73673

资料来源:2014—2019 年《国家统计年鉴》、2014—2019 年《国家年度统计公报》、2014—2019 年《中国国土绿化状况公报》和《新中国成立 70 周年经济社会发展成就系列报告》等文件以及国家统计局官网、中国标点网等网站。

(二)指标权重的确定

文章采用层次分析法确定指标权重。层次分析法(AHP)是将与决策相关的因素划分为目标、准则、方案等层次,并对其进行定性和定量分析的决策方法。层次分析法的基本步骤包括建立层次结构模型、构造成对比较阵、计算组合权向量并做组合一致性检验四步,由于数据量大、计算过程复杂,目前多运用 AHP 软件进行数据处理。[①]　计算得出因素权重与指标权重如表4-4所示:

表4-4　因素与指标权重值

因素	因素权重	指标	指标权重	因素	因素权重	指标	指标权重
X_A	0.2599	X_1	0.0276	Y_A	0.2247	Y_1	0.0374
		X_2	0.0276			Y_2	0.0374
		X_3	0.117			Y_3	0.1498
		X_4	0.0478			Y_4	0.1431
X_B	04126	X_5	0.1973	Y_B	0.6098	Y_5	0.2357
		X_6	0.042			Y_6	0.0688
		X_7	0.1139			Y_7	0.0787
		X_8	0.0594			Y_8	0.0438
X_C	0.3275	X_9	0.0505	Y_C	0.1655	Y_9	0.0397
		X_{10}	0.104			Y_{10}	0.0983
		X_{11}	0.094			Y_{11}	0.0413
		X_{12}	0.079			Y_{12}	0.0260

(三)综合评价模型的建立

根据已求取的指标权重值,利用多目标综合评价法对新型城镇化发展水平和城乡户籍制度改革水平值进行计算,计算公式,见式(4-3):

$$V_j = \sum_{i=1}^{n} W_{ij} P_{ij} \qquad (4-3)$$

V_j ——第 j 个评价单元的综合分值;

[①]　见 https://baike.baidu.com/item/%E5%B1%82%E6%AC%A1%E5%88%86%E6%9E%90/10986776? fr=aladdin。

W_{ij}——第 i 个评价单元的第 j 个因素权重；

P_{ij}——第 i 个评价单元的第 j 个因素得分；

N——因素个数。

第三节　构建新型城镇化和城乡户籍制度耦合协调度模型

一、耦合协调度模型的建立

耦合概念源于物理学，指两个及以上的系统通过各种相互作用而彼此影响的现象，在对各系统要素进行必要的干预引导后，可实现系统间良性协调发展。[①] 由于新型城镇化和城乡户籍制度改革之间有着密切的关系，因此，借鉴物理学容量耦合概念和容量耦合系数模型，将两者分别在对应的时间序列点上进行耦合，利用耦合度模型测度出新型城镇化和城乡户籍制度改革两个系统的耦合度。根据相关研究，构建新型城镇化和城乡户籍制度耦合协调度测度模型：

$$C = \sqrt{\frac{X \times Y}{(X \times Y)(X + Y)}} \qquad (4-4)$$

$$T = \alpha X + \beta Y \qquad (4-5)$$

$$E = \sqrt{C \times T} \qquad (4-6)$$

其中：

C——新型城镇化系统和城乡户籍制度系统的耦合度；

---

① 杨秀平、张大成：《旅游经济与新型城镇化耦合协调关系研究——以兰州市为例》，《生态经济》2018 年第 8 期。

T——综合协调指数；

E——两个系统的耦合协调度；

X、Y——新型城镇化和城乡户籍制度改革综合发展水平测度值；

α、β——权重系数，$\alpha+\beta=1$，此处取值为 $\alpha=\beta=0.5$。

借鉴相关研究成果，本书将耦合协调度划分为 10 个等级区间，每个区间代表一个协同等级，每个等级对应一类协同状态，形成连续的阶梯，从而更为直观地反映两个系统间的动态耦合协调发展水平。[1] 具体划分标准如表 4-5 所示。

表 4-5 耦合协调度等级划分标准

序列	协同度区间	协同水平（不协调）	序列	协同度区间	协同水平（协调）
1	0—0.1	极度失衡	6	0.5—0.6	勉强协调
2	0.1—0.2	严重失衡	7	0.6—0.7	初级协调
3	0.2—0.3	中度失衡	8	0.7—0.8	中级协调
4	0.3—0.4	轻度失衡	9	0.8—0.9	良好协调
5	0.4—0.5	濒临失衡	10	0.9—1	优质协调

二、相关关系的确定

为了验证耦合作用机理的有效性，本节选取皮尔森（Pearson）相关系数来判定新型城镇化与城乡户籍制度改革两个系统是否具有显著的相关关系，为下一步耦合关系量级判定奠定基础。皮尔森相关系数是用来描述变量间的线性关系的数，它的绝对值越大，两个变量之间的相关性越强，越接近于 1

---

① 郭湖斌、齐源：《基于耦合模型的长三角区域物流与区域经济协调发展研究》，《工业技术经济》2018 年第 10 期。

或-1,相关度越强;反之越接近于 0,相关度越弱。若 $r>0$,说明是正相关;若 $r<0$,说明是负相关;若 $r=0$,说明不是线性相关。[1] 其数学表达式为:

$$r = \frac{\sum\limits_{i=1}^{n} (x_i - x')(Y_i - Y')}{\sqrt{\sum (x_i - x')^2 (y_i - y')^2}} \qquad (4-7)$$

其中:

r ——相关系数, $-1 \leqslant r \leqslant 1$;

x_i ——第 i 个自变量, x' ——自变量平均值;

y_i ——第 i 个因变量, y' ——因变量平均值。

第四节　耦合协调水平分析

一、我国新型城镇化发展水平分析

2014 年印发的《国家新型城镇化规划(2014—2020 年)》对城镇化水平、基本公共服务、基础设施和资源环境等方面都提出了具体要求。2014—2019 年我国新型城镇化发展水平评价值如图 4-1 所示。2014 年为新型城镇化规划实施的初始年,由于改革刚刚开始,时间短、矛盾多,各项改革措施均在协调配合的过程当中,该年度新型城镇化水平评价值较低,为起点值;2015 年,新型城镇化建设进入新常态,各方面改革齐头并进、步入正轨、成效初显;2016—2017 年进入改革适应期和加速阶段,新型城镇化发展水平评价值

----

① 向微:《贵州省新型城镇化与土地集约利用耦合机理研究》,重庆大学 2017 年硕士学位论文。

比 2015 年增加了 1.7 倍,由 2015 年的 0.4295 飞升至 2017 年的 1.1658,各方面成效显著;此后的 2018 年,新型城镇化建设不断深入,改革进入深水区和攻坚期,社会矛盾凸显,改革不足初现,评价值增长速度变缓,需要更多动力推进新型城镇化向纵深发展;通过一个年度的攻坚克难,2019 年新型城镇化发展水平评价值达 1.758,尽管仍存在很多困难,但我国新型城镇化战略已取得明显成果,进入稳步发展阶段。

截至 2019 年年底,我国新型城镇化主要指标增长较快,新型城镇化取得良好成效,城市生产能力大幅度提升,生活质量得到充分保障,但生态空间建设不足,生态环境问题严峻(见图 4-2)。常住人口城镇化率与户籍人口城镇化率分别达到 60.6%、44.38%,已经圆满完成 2020 年常住人口城镇化率达到 60% 的目标,并十分接近户籍人口城镇化率达到 45% 左右的目标,我国城镇化水平得到显著提升。2014—2019 年,城镇登记失业率由 4.09% 降为 3.6%,但城镇调查失业率远高于此,统计显示,2019 年的城镇调查失业率为 5.2%,问题仍然棘手。2019 年我国城市建成区绿化覆盖率达 41.11%,但城市建成区绿地率只有 37.34%,与 2020 年 38.9% 的目标仍有一段距离,2020 年城市绿化任务艰巨。全国 338 个地级及以上城市空气质量达标率由 2014 年的 9.9% 提高至 2019 年的 46.6%,2019 年城市空气质量明显好转,但距离 2020 年 60% 的目标仍很遥远,城镇生态环境污染问题依旧严峻。

二、我国城乡户籍制度改革水平分析

自 2014 年 7 月国务院发布了《国务院关于进一步推进户籍制

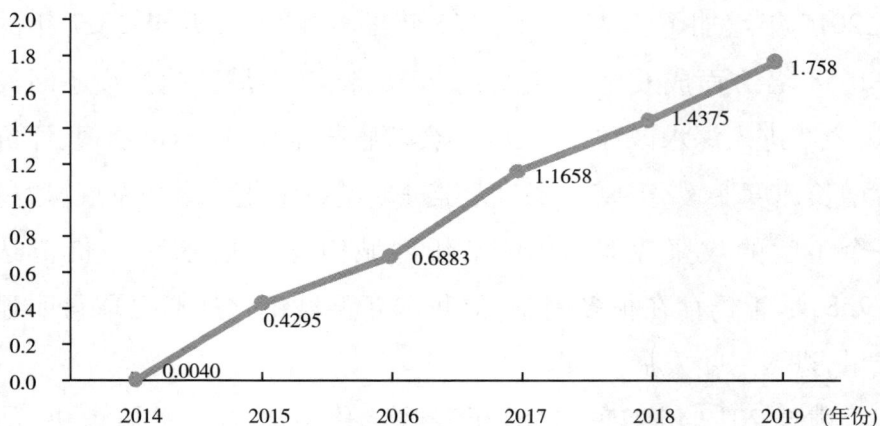

图 4-1　2014—2019 年我国新型城镇化发展水平评价值

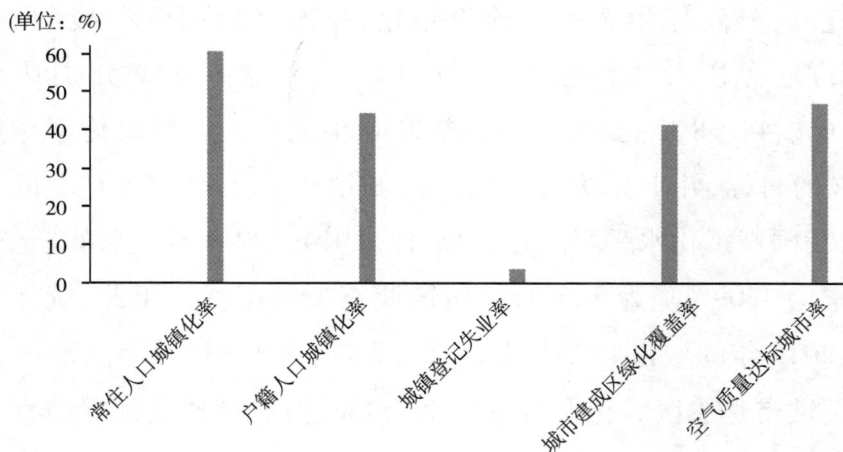

(单位：%)

图 4-2　2019 年我国新型城镇化建设主要数据变化

度改革的意见》,我国新一轮户籍制度改革正式启动。[①] 全国各地不断深化城乡户籍制度改革,各省纷纷探索户籍制度改革的新方法、新出路。2014—2019 年我国城乡户籍制度改革水平评价值如图 4-3 所示。由于城乡户籍制度改革于 2014 年下半年才全面铺

---

① 刘金伟:《新一轮户籍制度改革的政策效果、问题与对策》,《人口与社会》2018 年第 4 期。

开,因此该起始评价值为 0;2015—2017 年改革大刀阔斧,局势转变迅速,成果颇丰,因此评价值呈倍数增长趋势;2018 年改革不断深入,进入政策创新的"瓶颈"期,改革措施难以取得新的成效,评价值增速放缓;在此期间国家针对改革重点难点出台多项政策,各省(自治区、直辖市)政府积极配合,2019 年城乡户籍制度改革水平评价值为 1.254,城乡户籍制度改革正稳步推进。

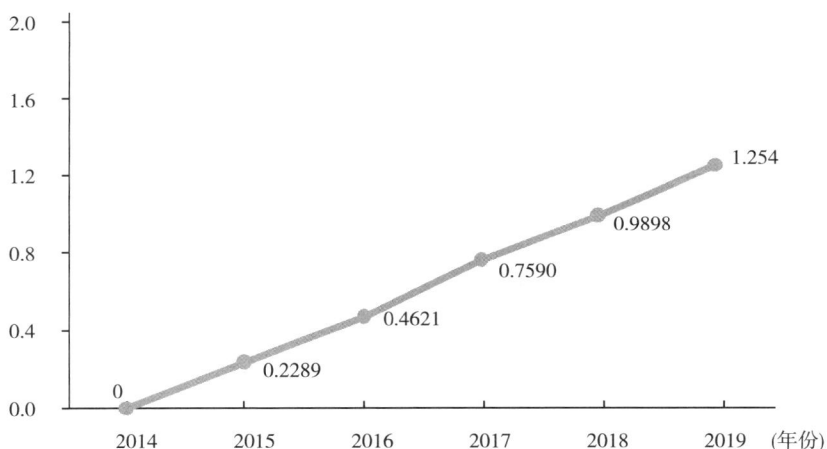

图 4-3 2014—2019 年我国城乡户籍制度改革水平评价值

目前户籍制度改革成效明显,主体政策框架已基本形成,统一的户口登记制度已经建立,居住证制度在各省(自治区、直辖市)逐步推行,户籍人口城镇化率稳步提升。2014—2019 年,我国城乡居民人均可支配收入差异仍逐年扩大,但城乡恩格尔系数差异正不断缩小,由 2014 年的 3.52% 降至 2019 年的 2.4%;基本养老保险、医疗保险、工伤保险等保险参保人数不断增加,改革前景向好;人户分离人口数逐年减少,但 2019 年仍有 2.8 亿人,其中流动人口 2.36 亿人,意味着城乡户籍制度改革仍需深入推进、不断创新,继续加大对农业转移人口市民化的支持力度,合理引导农业人口有序向城镇转移。我国城乡户籍制度改革具体数据如表4-6所示。

表4-6　我国城乡户籍制度相关数据

指标＼年份	2014	2015	2016	2017	2018	2019
人户分离人口数（亿人）	2.98	2.94	2.92	2.91	2.86	2.8
城乡居民人均可支配收入差异（元）	18355	19773	21253	22964	24634	27970
城乡恩格尔系数差异（%）	3.52	3.32	2.94	2.54	2.4	2.4
基本养老保险参保人数（万人）	50107	50472	50847	51255	52392	53266
基本医疗保险参保人数（万人）	59747	66582	74392	117681	134452	135436
工伤保险参保人数（万人）	20621	21404	21887	22726	23868	25474

三、我国新型城镇化和城乡户籍制度改革耦合协调度分析

根据耦合协调度模型,利用统计数据,计算出 2014—2019 年我国新型城镇化系统和城乡户籍制度改革系统之间的耦合协调度,综合两系统的评价值,得到表4-7。

表4-7　我国新型城镇化和城乡户籍制度综合发展水平分析结果

类型＼年份	2014	2015	2016	2017	2018	2019
新型城镇化评价值 X	0.004	0.4295	0.6883	1.1658	1.4375	1.758
城乡户籍制度评价值 Y	0	0.2289	0.4621	0.7590	0.9898	1.254
耦合度 C	0	1.2324	0.9323	0.7208	0.6419	0.5762
协调度 T	0.0020	0.3292	0.5752	0.9624	1.2136	1.5060
耦合协调度 E	0	0.6369	0.7323	0.8329	0.8826	0.9315
协同水平	极度失衡	初级协调	中级协调	良好协调	良好协调	优质协调

利用 SPSS 22.0 对我国 2014—2019 年新型城镇化和城乡户

籍制度改革评价值进行皮尔森相关性检验,以判断两者之间是否存在相关性以及相关性强度,得到的相关性检验结果如表4-8所示,我国新型城镇化和城乡户籍制度改革的相关性系数为0.996,呈显著的高度相关关系,两者之间存在紧密的耦合交互关系。

表4-8 Pearson 相关性检验结果

影响评价因素			新型城镇化发展评价值	城乡户籍制度改革评价值
新型城镇化发展评价值	皮尔森(Pearson)相关		1	0.996**
	显著性(双尾)		—	0.000
	N		5	5
	重复取样ª	偏差	0	0.002
		平均数的误	0	0.002
		95% 置信区间 下限	1	0.992
		上限	1	1.000
城乡户籍制度改革评价值	皮尔森(Pearson)相关		0.996**	1
	显著性(双尾)		0.000	—
	N		5	5
	重复取样ª	偏差	0.002	0
		平均数的误	0.002	0
		95% 置信区间 下限	0.992	1
		上限	1.000	1

注:** 表示相关性在 0.01 水平上显著(双尾);

a 除非另行说明,否则重复取样结果以 1000 重复取样样本为基础。

为更好地对我国新型城镇化和城乡户籍制度改革两者发展水平进行分析研究,现将耦合协调类型分为三类:

$X>Y$:城乡户籍制度改革水平滞后于新型城镇化发展水平;

$X=Y$,城乡户籍制度改革水平同步于新型城镇化发展水平;

$X<Y$,城乡户籍制度改革水平高于新型城镇化发展水平。

由表 4-7 可知,2014 年是新型城镇化和城乡户籍制度改革的开局之年,两者处于同一起跑线上,新型城镇化的综合评价值与城乡户籍制度的评价值相差无几,0.004 的差距几乎可以忽略不计,此时两系统处于极度失衡水平。2015 年及以后,两系统评价值大体呈直线上升趋势,但新型城镇化发展水平始终高于城乡户籍制度改革水平,随着时间的推移,两者评价值差值呈现出越来越大的趋势。2015 年,两系统耦合协调度大幅度增加,此时处于初级协调水平,该年度也是两系统耦合协调度值增加最快的一年,2015—2019 年的耦合协调度值增长率趋于平缓,该直线逐渐与横向坐标轴平衡。2016 年两系统评价值进一步提升,意味着新型城镇化进程与城乡户籍制度改革互相适应、配合良好、成效明显,此时耦合协调度达中级协调水平。2017 年两项改革取得了长足发展,耦合协调程度提高至良好协调水平。2018 年的耦合协调水平虽仍为良好,但其数值已十分接近优质协调水平。2019 年两系统耦合协调度为 0.9315,达到优质协调水平。

整体来看,我国新型城镇化进程与城乡户籍制度改革进程呈稳定的线性关系,两系统呈现高度的关联性与协同性,随着时间的推移,两项改革不断深化,发展水平不断提高。自 2015 年起,城乡户籍制度改革对新型城镇化进程的助力作用开始得到释放,耦合协调水平越来越高,并呈现稳中有升、前景向好的发展态势。但两者耦合协调测度值增速放缓,意味着改革均进入攻坚期,需要进一步挖掘城乡户籍制度改革的内涵与潜力,调整不协调因素,使其推动作用得到充分释放,不断实现新型城镇化进程的优质协调发展。

第五节　基于耦合协调模型对城乡户籍制度改革的讨论与启示

根据上述分析可以看出六年来城乡户籍制度改革成效显著。六年内,中央层面的改革与地方政府层面的改革相互配合、层层递进,绝大多数城市都建立了城乡统一的户口登记制度,各地根据其城市规模对户口迁移政策进行了合理的调整和完善,并全面实施了居住证制度,与城乡户籍制度相关的配套改革也在同步推进。改革取得显著成效固然瞩目,但城乡户籍制度改革过程中凸显的问题更需要我们关注。问题能否妥善解决、矛盾能否圆满化解,关系我国城市的未来发展,因此,根据耦合协调模型结果对 2014—2019 年城乡户籍制度改革存在的问题进行具体分析和研究讨论,可以从中得出优化改革的对策启示。

一、基于耦合协调模型对城乡户籍制度改革的问题讨论

(一)城乡户籍制度改革进程明显慢于新型城镇化进程

据表 4-7 可知,2014—2019 年,新型城镇化综合评价值与城乡户籍制度改革综合评价值差距逐渐明显,新型城镇化进程明显快于城乡户籍制度改革进程,城乡户籍制度改革速度较缓。究其原因,除了城乡户籍制度改革本身壁垒较多、推进难度较大之外,各项改革之间还缺乏联动性,改革政策与改革成果无法共享。

1. 城乡户籍制度改革制度建设不够健全

目前,我国城乡户籍制度改革主体政策框架已经形成,但具体的制度建设并未及时跟进,在法律制度、人口登记制度等方面仍存在很大缺陷,改革系统性不足,持续性较差。

一方面,相关法律制度衔接不到位。城乡户籍制度改革涉及公民权利和义务的重新调整,由于旧时的户籍制度并未完全废除,部门条例于法律层面仍然有效,在国家相关法律法规没有修正的情况下,一些改革政策与相关法律相冲突,改革的效果就会大打折扣。所谓立法先行,过时的法律不仅不会发挥引领和推动作用,还会阻碍改革。当前不修订法律而通过行政规章来推行户籍制度改革,就会出现改革缺少法律制度支持、违背现行法律制度等问题,导致地方政府在进行城乡户籍制度改革的过程中四处碰壁、瞻前顾后,致使改革无法顺利进行。

另一方面,人口登记制度不够完整。当前,我国人口登记制度较为落后,尤其在改革亟须深化的关口,人口登记不充分、信息不完整、整合有困难等问题就逐渐凸显出来。在原则上,每个城市的外来人口必须在一定期限内去派出所进行流动人口登记;但实际上,很多临时工、农民工并未进行登记,而有关部门很难实时追踪所有的流动人口。另外,各相关部门无法做到信息共享,教育信息、社保信息、住房信息等无法有效整合,形成一座座"信息孤岛",难以为深入城乡户籍制度改革提供科学有效的信息支持。

2. 改革联动性需进一步加强

党的十八大以来,我国进行了多项改革,除了新型城镇化战略、城乡户籍制度改革,还有乡村振兴战略、农村土地三项制度改革、建立健全城乡融合发展体制机制等多项党的重大决策部署,在推动各项改革时如果未真正形成联动体制,容易出现系统性差、整体性弱、协同性低,"各自为政"的现象。

在新型城镇化和城乡融合发展等时代背景下,新时期我国城乡户籍制度改革不单单是一项纯粹的制度改革,而是关于人、地、钱的社会成本收益博弈。户籍制度改革受到教育、就业、医疗、养老、住房保障、农村产权等多方面力量的影响,改革伊始就意味着牵一发而动全身,如果各项改革落地后并未形成联动机制,户籍制度改革与其他领域制度改革的配套问题就会出现较大的不协调现象。

(二)社保制度城乡差异大城乡二元结构仍未真正打破

1. 配套社会保障制度非均等化

根据上文城乡户籍制度改革综合评价指标体系及其评价结果得知,我国城乡基本养老保险、基本医疗保险及工伤保险的参保人数呈稳步上升趋势,但城乡之间社会保障在参保结构、参保意识、参保人数、保障项目数和保障水平方面仍存在很大差异。农村均处于劣势,有些偏远地区甚至出现社保盲区。养老保险方面,城镇居民有国家机关、企事业单位基本养老保险,而农村在近几年才有了新型农村社会养老保险(以下简称"新农保"),且保险的参保投入与保障力度不同,"新农保"的人均筹资与人均养老金额明显低于城镇居民的养老保险。[①] 医疗保险制度方面,在城镇,职工和居民都有基本医疗保险,农村居民有新型农村合作医疗(以下简称"新农合"),"新农合"在农村覆盖率高,但保障力度小。相比之

---

① 朱佳:《新型城镇化进程中我国户籍制度改革研究》,江苏大学 2016 年硕士学位论文。

下,城镇基本医疗保险的缴费高,在报销比例和报销医药目录方面都要优于"新农合"。失业保险制度方面,城镇企、事业单位都有失业保险,但农村居民并没有失业保险。很多农村居民都外出去城镇务工,这一部分人可能会有失业保险。在农村务农的居民是没有失业保险的。农民靠天吃饭,若遇到恶劣天气或许全年无收。城镇居民在失业后有补贴,但农民在全年无收的情况下却只能拮据度日。工伤保险制度方面,截至 2019 年年末,全国参加工伤保险人数共计 20621 万人,其中参加工伤保险的农民工 8616 万人,而同时期的农民工共有 29077 万人,参加工伤保险的农民工还未到 30%(详见表 4-9)。

表 4-9　农民工参加工伤保险统计

统计指标 ＼ 年份	2014	2015	2016	2017	2018	2019
工伤保险参保农民工数量(万人)	7362	7489	7510	7807	8085	8616
农民工数量(万人)	27395	27747	28171	28652	28836	29077
占比(%)	0.2687	0.2699	0.2666	0.2725	0.2804	0.2963

由图 4-4 可知,尽管参加工伤保险的农民工数量逐年增加,但所占农民工总数量的比值由 2014 年的 26.87% 到 2019 年的 29.63%,六年时间内只增加了 2.76%,农民工的参保意识及参保能力都不及城镇居民。

2. 配套的财政分担机制并未完全建立

为推进户籍制度改革,中央提出"钱随人走、地随人走"的政策,以鼓励各个城市吸纳农业转移人口。但这项政策在实施过程中仍然存在问题,缺少可操作性较强的实施细则和具体办法。比如东部和西部"钱、地"的补贴标准是不同的,人口流出的西部省份能

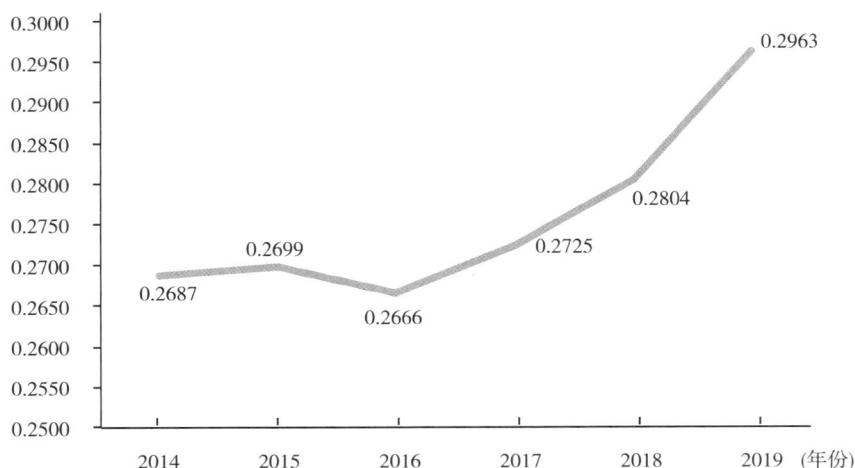

图4-4 参加工伤保险的农民工占农民工总数量比值

够获得相应的转移支付,但西部省份的财政补贴水平难以满足东部省份的支出需要。另外,北京市、上海市、广州市、深圳市等这类特大和超大城市是农业转移人口落户的首选城市,但这类城市的中心城区在原则上不因吸纳农业转移人口安排新增建设用地,这些城市缺乏相应的激励机制,落户指标数量少且竞争激烈,常常出现指标难求的现象,普通的农业转移人口并不能得到政策的优待。

(三)受户籍利益分配影响农民进城落户意愿不够强烈

截至2019年年底,全国人户分离人口数达2.8亿人,同比减少600万人。对于在城镇生活并有稳定工作的农村人口来说,进城落户意味着一个打破教育代际固化与消除机会不均等的机会,通过改变户籍类型消除环境差异带来的福利差距,但仍有很多农民不愿进城落户。一方面,大城市实施积分落户,实质是人才抢夺大战,能够顺利落户大城市的都是优秀人才,而非普通老百姓;另一方面,小城镇公共服务能力较弱、福利制度不完善,以致吸引力不足。大城市和小城镇发展差距过大,使得大城市中非户籍利益超过小城镇户籍利益的综合,导致农业转移人口宁愿到大城市作为非户籍市民,也不愿到小城镇作为户籍市民,从而推高了农业转移人口市民化的成本。

1. 农民在农村的权益未得到有效保护

国家相关文件提出"现阶段不得以退出土地承包经营权、宅基地使用权、集体收益分配权作为农民进城落户的条件",以此保障进城落户农户在农村的宅基地使用权、土地承包经营权、集体经济收益分配权等权益,并提出进城落户农民退出宅基地实施自愿有偿的原则,尊重农民的选择。但具体的实施细则并未出台,且各地实际情况复杂多变,很多地方土地承包经营的确权工作和宅基地权属登记工作仍未完成,很多问题得不到有效解决。在这种情况下,农民为防止自己在农村的权益受损,大多处于观望状态,不愿进城落户。

2. 进城落户后的利益处于不确定状态

随着户籍制度改革的深入,各地城乡融合发展进程加快,城乡差距减少,由于小城镇的公共服务、社会福利和资金支持力度较弱,因此对农民的吸引力度并不大。大部分人更希望落户大城市,但地方政府利益格局致使异地落户难上加难,且全国实行居住证制度,领取到城市居住证的流动人口即便没有该市户籍也可以享受其主要公共服务,居住证附带的福利对于进城落户形成了一定的冲击作用。然而,农民担心进城后较高的生活成本、较大的工作压力,以及需要重新建立的人际关系等。且农民工进城落户后,大多仍需要从事个体劳动或短期劳动,仍旧无法享受企业职工应有的福利,生活成本变高,进城落户意愿降低。

3. 农村户口含金量变高

在推进城乡户籍制度改革进程中,有一部分农民并不愿意将自己的农村户口转为城市户口,原因在于拥有农村户籍就意味着拥有宅基地与耕地,受土地产权制度的保护,能够以较低成本建房并获取国家粮食补贴和土地流转金。对于年龄较大、文化水平不高、没有技术傍身的农民来说,城市户口并不能带给他们安全感和生活基础,耕地才是他们最终的归宿和最大的保障。同时,随着乡村振兴战略的深入推进与农村土地三项制度改革的实施,农村宅基地的价值得到很大提升,很多试点地区及发达地区的宅基地可以通过"置换""入股"或者自营等方式加入旅游、民宿等商业大军中,获得营业收益。耕地可以通过流转给他人或是承包他人土地成为家庭农场主,发展前景较好,土地收益得到大幅度提升。由于土地权益的加持,农村户口含金量越来越高,许多农村大学生以及进城务工的农民工均不愿放弃农村户籍,甚至有已迁入城市户籍的,也会因为农村户籍附带的产权利益而想方设法将户口迁回农村。

二、基于耦合协调模型对城乡户籍制度改革的对策启示

(一)强化户籍制度改革顶层设计和战略布局

1. 推进体制机制改革,增强改革联动性

我国城市管理具有体制性、等级化的特点,上位城市对下位城市存在不同程度的压制现象,大城市所获得的关注与资源远远多于小城镇。当前户籍制度改革进入深水区,大城市的承载力有限,

需要各省(自治区、直辖市)的小城镇发挥作用。由于上位城市的压制,许多小城镇存在事权与财权不匹配的问题。为此,应该加快体制改革,对当前城市行政体制进行创新,弱化市级行政等级,探索实行"省—县"直管体制,给予小城镇平等的发展权,使其事权与财权相匹配,大力促进县级城市和小城镇的发展,提升其发展活力,以此吸引农业转移人口市民化,进一步提升我国城镇化水平。在各项改革实施过程中,坚持新发展理念,打破阻碍资源自由流动的不合理壁垒,促进各项资源优化配置,实现人力、财力、物力的最优配置。

2. 完善相关法律法规

依法治国是改革循序渐进、统筹协调的重要保障和客观需要,户籍制度改革需要完善而健全的法律做后盾。一方面,完善户籍相关法规,确保改革有法可依,使得改革更加规范、科学;另一方面,改革过程中出现了许多民事纠纷,许多百姓维权难、申冤难,户籍立法可以保护公民合法权益,保护弱势群体,解决纠纷矛盾。目前,尽管我国的户籍制度法律体系正在快速建设阶段,但大部分的法规条例是以"通知""规定""办法"等形式下发的,多为行政法规或部门规章,数量众多但不成系统,且层次性低、权威性小、稳定性差、强制性弱,不利于未来改革工作的深入开展和公民权利的及时维护。当前施行的户籍法远远无法满足当前的改革需要。因此,需要制定综合性的户籍法作为该体系的上位法,并尽快出台单项法及专项法,为改革打下坚实的法律基础;按计划分步骤地修改其他法律如劳动法、社会保障法中涉及户籍制度的内容,尽快修正与户籍制度改革相矛盾的法律条文,重新调整公民的权利、义务的内涵与范围,实现改革与法律的紧密衔接和互通互融,为深化城乡户籍制度改革提供强有力的法律支持和技术支撑,最大限度维护弱势群体的权益。另外,现实中存在有法不依、执法不严的现象,在改革实践中必须严格贯彻执行法规条例,执法主体必须按照规定的执法内容、正义的执法程序、合理的执法范围、明确的执法时限进行执法,同时进行执法监督,不得使执法主体沦为违法主体。

(二)实施社会福利均等化　大力促进社会公平

1. 完善社会福利制度,破解福利分配困境

户籍制度改革的"瓶颈"在于户籍制度所涉及的迁徙自由与附加福利仍未被彻底打破,由于户籍制度所引发的不公平待遇仍未从根本上取消,因此,需要户籍制度改革与社会福利制度改革同步发力,将社会福利制度从户籍上剥离,使社会福利制度成为一个独立、完整的闭环系统,打破福利分配困境。在人口登记制度方面,应建立完善的人口信息共享平台,整合各渠道信息,打破"信息孤岛",实现人口信息联通联动。同时建立城乡统一的户口登记制度和居民居住证制度,统一登记为居民户口,消除此前的户口性质差别与类型区分。改革教育体制,实现城乡教育资源均衡分配,缩小城乡教学质量的差距;关注农民工随迁子女,实行户籍、学籍脱钩制度,以父母居住时间和学籍时长作为异地升学的凭据,在教育问题上消除地域性和排他性。建立城乡一体的社会保障体系,城乡统筹、普惠普利,消灭社保盲区,实现社会保障全覆盖。在社保享有上,城乡间的参保结构、参保力度、参保意识差异明显,农村社保瞄准效率差。因此,需要提高农村居民的人均参保金和人均养老金水平,增加养老保险的参保人数,通过宣传提高农村居民的参保意识,使农村居民也能享受到社会养老福利;建立统一的医疗保险制度,打破地域限制,解决异地看病报销难问题,实现医疗公平;

对于流动性较高的农民工群体,政府应降低养老保险关系的转接成本,鼓励其参加城镇企业职工基本养老保险,实现社会福利的均等化分配。

2. 建立合理的成本分担机制与激励机制

在实施"人地钱"挂钩政策的过程中,应实现"精准挂钩",将"地、钱"精准落实到人头,加强政策的落地性,提高人们对人口城镇化的积极性和支持力度。地方政府应创新性地实施中央政策,各级政府明确各自的责任,地方政府根据各地实际情况确定当地的资金承担责任主体与承担比例,如转移支付成本资金应由政府、社会和企业多方共同承担,确定合理的主体承担比例与支付方式,由此建立健全跨区域流转和补贴机制以及多主体成本分担机制。为调动地方政府的积极性,一些特定的农业转移人口市民化成本需要中央政府以转移支付的方式进行分担;企业应负责农业转移人口的就业成本,根据当地经济水平适当提高农民工的薪资水平,改善其工作环境,为其提供必要的社会保障;社会福利机构也应发挥应有的作用,在农民工技术培训、维权取证等方面提供必要的帮助,并允许社会资本的合法参与,为减轻政府负担贡献一份力量。同时可以通过税收提高统筹层次,缓解各级政府的财政压力,释放一部分责任与权限,以提高政府改革的积极性。此外,应增加对小城镇的财政补贴力度,完善小城镇基础设施和产业布局,以期吸引更多的农村人口落户,促进改革的顺利完成。

(三)保护农民合法权益以实现城乡融合发展

1. 创新农村土地制度,实现政策联动

农村居民不愿进城落户是因为城市利益与农村权益的"二

选一"困境,因此,以解决农村"三权"问题为突破口,对农村土地制度进行创新,打破利益选择困境,消除农业转移人口进城落户的后顾之忧。保护农民在农村的合法权益,需要提高利益的"可携带性"。首先,需要全面落实农村土地确权工作,由于确权难度大,土地权属纠纷多,各相关部门需要组成联合小组,深入基层,确保每一块地权属清晰、登记造册。同时建立农村产权流转交易市场,探索城乡建设用地指标跨区域互换机制,实现跨区域土地的"占补平衡"。① 其次,将农村户籍利益进行量化,以土地"三权"分置为基础,继续细分农村土地的各项权益内容,创新土地流转形式和收益分配方式。当前农村户籍呈封闭状态,其性质为保障性权益,可以逐步探索农村户籍的经济属性,如推动农村宅基地使用权的市场化改革,进行指标交换、上市流转;探索放开城乡户籍之间的自由转换,建立城乡户籍获取与退出机制,但必须严格区分户籍获取与户籍权益获取的门槛和要求,对于其转化机制需要慎重探索,不能出现"一开就乱,一关就死"的混乱局面。

2. 促进农村发展,实现城乡一体化

首先,新型城镇化并非一味地强调农村居民进城落户,户籍制度改革也需要考虑农村居民是否有进城落户的需求。对于有意愿、有能力的农村居民,尽量使其进城落户,以此加快城镇化进程。对于没有进城落户能力的农村居民,采取集中居住、建设新型农村社区的方式推进城镇化。通过整治"空心村"、强化特色村、发展中心村的方式对社区建设进行多元化模式探索,避免单一化和

---

① 张国胜、聂其辉:《乡村振兴视角下我国户籍制度的双向改革研究》,《云南民族大学学报(哲学社会科学版)》2019 年第 4 期。

"一刀切"。对各个社区进行功能定位,建立不同类型的社区,如科教型社区、文娱型社区、经济型社区、生态型社区等,打造农村CBD,建设农民生活圈。在试点建设方面,应当建立完善的创新机制,在不违反原则的前提下允许试点区进行大胆创新、勇敢探索,充分发挥试点的引路作用和试错作用。另外,建立健全人才管理机制、金融资金监管机制、任务落实考核机制等一系列管理体制机制,以此优化乡村布局,促进乡村整体布局。通过规模化、社区化、规范化的方式促进农村发展,缩小城乡差异。

其次,注重形成良好村规民约,回归乡土情结。农民是农村房屋最主要的参与主体和最大受益者,由于农村居民大多进城务工、常年在外,农民对家乡的感情变得越来越淡,乡土情结严重缺失。因此农村集体干部应当充分发挥其带头引领作用,学习借鉴其他村庄的优秀村规民约,制定促进本村发展、体现本村特色的村规民约,加强村庄的自我管理,维护村庄秩序;强化村庄的自我约束,培养村庄良好公共道德;完善村庄的自我服务,形成良好的村风民俗,使农民回归乡土情结,更加热爱农村、热爱家乡,以此推进村庄治理能力和治理水平的现代化。最终建立农村自治系统,实现村民的良性自治,真正实现"乡风文明"。

最后,要促进农村居民权利意识的觉醒,让农村居民真正了解其社会发展需求并进行明确而充分的表达。通过加大教育投入力度,提高农村居民的文化水平和思想意识,通过报纸、广播、网络等手段宣传最新的农村政策,使农村居民基本了解其应得的利益和所拥有的权利。以此提高农村居民的维权意识和表达能力。村委会应充分发挥作用,村民有需求,村委会应积极向政府反映,并探索拓展居民与政府间的沟通渠道;基层政府应增强服务意识,建立需求反馈机制,对于群众需求做到实时调查和及时反馈,使农村居民的权利得到充分保障。城乡居民思想同步、权利平等、发展均衡,最终实现城乡融合发展。

第五章　新型城镇化与户籍制度改革的互动关系

　　我国新型城镇化战略于 2014 年正式启动,与传统城镇化过分注重土地城镇化不同,新型城镇化的核心是人,但并不是简单的人数相加和城市扩张,而是注重人的全面发展;不仅注重城市居民,也更加保护农民利益;不只强调城镇化率,也更加关注人的生活方式。新型城镇化是我国建设现代化国家的必由之路,它要求高质量的改革和可持续的发展。为了新型城镇化战略的深入实施,新一轮户籍制度改革也于 2014 年拉开了序幕,此后,改革如火如荼地进行着,新型城镇化与户籍制度改革也成了共生词汇,各部门政策文件的颁布都大多围绕着两项改革展开。二者相互促进、不可分割,户籍制度改革紧紧围绕着新型城镇化的目标任务,新型城镇化也十分需要户籍制度改革释放内需潜力。

第一节 新型城镇化是户籍制度改革的
具体载体

户籍制度改革的目的是以城镇空间为载体,促进城镇常住人口市民化,因此需要根据新型城镇化的任务来设定改革目标,根据新型城镇化的具体情况完善改革措施,改革是否起效、成效如何,也需要以城镇化的具体实践来检验。

一、户籍制度改革目标需要围绕城镇化来设定

新一轮户籍制度改革之前,为了便于管理以及经济发展的需要,我国实行城乡二元户籍制度,城乡之间的人口不能自由流动。随着社会主义市场经济的发展,这项制度逐渐由利大于弊转为弊大于利,严重阻碍了我国城镇化的进程。为了新型城镇化的深入开展,户籍制度必须进行新一轮的改革。户籍制度如何改,改成什么样,要根据新型城镇化的现实需要来决定新一轮户籍制度改革的具体目标。

在城镇化快速发展的过程中,出现了很多突出问题和现实矛盾。人民生活方面,受户籍制度的影响,大量进城务工的农民无法享受与城镇居民相同的福利与待遇,由此引发一系列问题。教育上,农民工子弟无法异地高考甚至是随迁入学,农村出现大量留守儿童,由于缺乏关爱和教育,青少年辍学率和犯罪率高,教育出现代际固化,社会两极分化严重,社会发展存在安全隐患;就业上,户籍制度带来了劳动力市场歧视,与农村人口相比,城镇人口有着天

然的社会资本优势,农民进城务工的工资预期低于城镇居民,但生活成本及关系网络构建成本较高,加上社会认同感低,无法融入城市生活,导致生活幸福指数较低;同时,农民在城镇的医疗、养老、社保等权益得不到保障,城镇内部矛盾突出。城镇管理方面,城镇开发呈"摊大饼"式扩张模式,土地利用较粗放,城镇结构不合理,土地资源浪费严重,加之城市管理水平低下,过分注重经济发展,忽略了环境保护,国家粮食安全问题和生态危机日益显现。

新型城镇化要求更高质量的城镇化水平、更加优化的城镇化格局、更加科学的城镇发展模式、更加和谐的城市生活方式、更加完善的城镇化体制机制。因此,户籍制度改革要求加快农业转移人口和常住人口落户城镇,实现城镇基本公共服务全面覆盖。同时,合理制定了户口迁移政策、城市人口规模、城市落户条件,并对人口管理制度以及其他相关制度作出了相应调整和改革。

二、户籍制度改革措施需要城镇化来改进完善

随着改革的不断深入,户籍制度改革取得了显著成效。中小城镇落户条件宽松、难度降低、途径变多、选择性变强,农民进城落户的积极性被极大地调动起来,但也不可避免地存在很多问题。

第一,户籍附着利益较多,难以彻底剥离。改革是一个系统性工程,需要各个部门的配合,但不同部门都有着自己的考量和打算,加之改革必定会动了一些人的"奶酪",损害了既得利益者的利益,因此受到了很多人的阻挠。尽管户籍制度改革在技术层面并不存在太大难度,但由于很多城市尤其是小城镇,事权与财权不相匹配,很多城市存在"小牛拉大车"现象,财政负担过重,改革过程中束手束脚,导致改革停滞不前。

第二，不同区域间的现实情况差别较大，城市与城市之间存在的问题各不相同。大城市由于经济发展水平较高、公共服务健全而备受青睐，但由于其落户条件严苛、名额稀缺，学历低、能力弱的农业转移人口无法落户，且由于资源承载力有限，人口大量聚集引起了交通拥堵、环境污染等"大城市病"；小城市虽然不用顾虑"城市病"，但由于资源较少、公共服务能力弱，对农业转移人口吸引力不足，无法吸引更多的落户人口。

第三，居民的诉求呈现多样化趋势。由于改革涉及面广、牵扯人数多，不同居民的落户诉求存在很大差异，但政策的制定只能适用于一般情况和大多数人，众口难调，不同地区的政策调整和制度衔接难度大，改革无法照顾到所有人的诉求。一部分人的利益诉求未得到满足，因此，反对、阻挠甚至恶意破坏改革成果，在一定程度上延缓了改革的步伐。

此时需要新型城镇化建设来破除户籍制度的限制，户籍制度改革的不足之处需要在新型城镇化建设过程中不断调整完善。通过科学的顶层设计以及合理的相关政策调整，建立起符合国情、更加适用的体制机制，以突破改革"瓶颈"、渡过改革难关。

三、户籍制度改革成效需要城镇化来实践检验

户籍制度改革在立足国情的基础上有序推进，改革过程中充分尊重城乡居民的自主意愿，不同城市的改革政策也根据当地的经济发展水平有所不同。农业转移人口市民化的速度变快，城镇化水平不断提高。2015—2019 年的常住人口城镇化率分别为56.1%、57.35%、58.52%、59.58%和60.6%，户籍人口城镇化率分别为39.9%、41.2%、42.35%、43.37%和44.38%。城市基本公共

服务基本实现均等化,覆盖面仍不断扩大。人口管理制度得到极大的创新,建立了城乡统一的户口登记制度,从此,农业户口与非农业户口的区分方法成为历史,人口信息管理逐渐打破"信息孤岛",实现跨部门、跨区域整合、共享,朝着规范化、人性化的方向发展。农村土地制度得到创新和完善,"三权"分置使得农村土地流转呈现规模化趋势,进城落户农民自愿、有偿退出宅基地的政策充分保障了农民的合法权益。农业转移人口进城落户后,非农产业劳动力明显增加,对于第二、第三产业的发展、城市产业结构的调整作出了巨大贡献。城镇居民数量增加带动了城市消费市场,有效地拉动了投资需求,极大地促进了城市经济的发展。由此可见,城镇化建设实践是检验户籍制度改革成效的最好方式。

第二节　户籍制度改革是新型城镇化的
　　　　重要支撑

　　城镇化是一个国家发展到一定程度后的必然结果,一个国家的经济发展水平越高,其城镇化水平也就越高。2014 年年末,我国人均 GDP 为 7485 美元,全国常住人口城镇化率为 54.77%,而户籍人口城镇化率为 36.63%,不仅未达到世界平均水平,与世界上同等发展水平国家的城镇化率相比也有着明显的差距。2019年年末,我国人均 GDP 为 10591 美元,全国常住人口城镇化率为 60.6%,而户籍人口城镇化率为 44.38%,虽缩小了与其他国家的城镇化水平差距,但全国常住人口城镇化率和户籍人口城镇化率仍不高,我国城镇化率发展还有很大的空间。实现经济发展与人民生活水平提高并驾齐驱,户籍制度改革是新型城镇化的一把"利刃"。提高农民落户城镇的积极性、就近流动转移的城镇化特点和城镇公共服务均等化都需要户籍制度改革。

一、提高农民落户城镇积极性需要户籍制度改革

对于进城意愿较高的农民来说,进城定居的可能性较大;但对于相当一部分农民而言,进城定居的积极性并不高。且由于新型城镇化的推进,农民流入城市但不转户籍的行为成为普遍现象。农民落户城镇积极性不高的原因基本有三:一是随着惠农政策的颁布和农村土地制度的改革,农村土地流转价格不断升高,随着人居环境改善计划的实施,农村生活条件和卫生环境明显好转,农民担心落户城镇后会失去原有的土地和宅基地;二是中小城市尤其是建制镇对农民的拉力不足,随着乡村振兴战略的实施,城乡融合发展成为趋势,城乡差距不断缩小,城镇户口的社会福利优势减弱、含金量变低,农民对于城镇户口的期望值也随之降低,对于农民来说,进城落户的不确定性较大,对未来不确定性的恐惧和对现有宅基地和耕地的高度依赖使得其不愿进城落户;三是部分年龄较大的农民长久生活在农村,已经习惯了农村生活,尽管其后代已经进城落户,但这部分人仍然愿意留在生活了大半辈子的土地上。

农民进城落户意愿符合"经济人"假设,即以利益最大化为目标,在可选择范围内作出最有利的选择。是否进城落户是农民对两种不同利益进行权衡利弊后作出的选择。户籍制度改革相当于给予了农民一剂"镇定剂",允许农民进城落户后仍保留其在农村

的权益,使得农民对城市生活产生信心,在留有退路的前提下仍旧可以享受城市户口所带来的社会福利,更多的就业机会、更高的教育水平、更好的医疗条件等。当农民的预期收益变高时,城市户籍就成了最好的选择,农民进城落户的积极性也会随之大幅度提高。

二、就近流动转移的城镇化特点需要户籍制度改革

由于资源数量、公共服务水平等差异,在城市"抢人"大战中,小城镇通常败下阵来。但由于大城市落户成本高,户籍制度改革全面放开建制镇和小城市的落户限制后,很多农民退而求其次,选择离家距离较近的小城镇。

能够使农民就近流动转移的城镇多为县城或建制镇,这类城镇是城乡之间的重要节点,起着承接和过渡的作用。区域差异在县域内仍然存在,就近流动转移的城镇化主要特征是人口向县城和中心镇集聚,中心镇最开始通常是地理位置优越、资源条件丰富、产业基础较好的镇,通过人口集聚成为发展水平较高的人口大镇。"离土不离乡"式的人口集聚为小城镇的发展注入了动力,既缓解了大城市的人口压力,也减轻了农民进城落户的成本,有助于不同规模的城镇协调发展。但由于城市建设滞后、公共资源匮乏、基础设施落后等原因,小城镇对农业转移人口的吸纳能力较薄弱,很多小城镇在吸纳了农业转移人口后的一段时间内,人口流入呈现负增长,意味着城市供给现状与农民落户需求之间仍然存在较大差距。

就近流动转移的另一个显著特点是半城市化,由于距离较近,农民"工在城镇、睡在农村"的现象普遍存在。由于农户兼业化程度不断提高、村庄"空心化"趋势明显,多地区如河南、山东、浙江等地根据当地实际情况,结合城乡建设用地增减挂钩政策,催生了另一类就近城镇化建设模式——农村新型社区,通过基础设施建设实现农民集中安置、统一管理。在此过程中出现不尊重农民意愿、建设缺乏规划、建筑质量参差不齐以及搬迁补偿较低等问题,这些都需要通过户籍制度改革一步一步解决。

三、城镇公共服务均等化需要深化户籍制度改革

尽管国家出台了一系列政策以保障城镇常住人口享有均等的基本公共服务,但对于生存在大城市的农民工来说,均等的公共服务仍然遥不可及,严重阻碍了新型城镇化的建设进程。实现城镇公共服务均等化,需要打破当前公共服务分配格局,改变城乡二元结构的制度安排,对公共利益进行再分配,深化户籍制度改革势在必行。[1] 通过深化户籍制度改革,尽可能降低甚至消除教育机会不均等的程度,政府应将城市流动人口的子女教育问题纳入城市发展规划,合理增加教育经费投入比例,取消户籍入学政策,建立全国统一的学籍信息系统,努力打造一个机会均等的社会。通过深化户籍制度改革,完善社会保障制度,鼓励城市常住人口缴纳社保,简化养老保险的转接手续;合理降低参保条件,尽量提高社保参保率,扩大失业保险、工伤保险的覆盖面,降低各种形式的相对贫困。通过深化户籍制度改革,消除劳动力市场歧视,政府严格进行监督管理,保障外来务工人员的合法权益,确保每一位应聘者都得到公平对待。通过深化户籍制度改革,各地政府适当加大保障

---

① 王俊:《新型城镇化建设背景下山东省深化户籍制度改革研究》,东北农业大学 2017 年硕士学位论文。

性住房的财政投入比例及住房补贴的发放比例。对依附于户籍制度的诸如教育、社会保障、就业、住房等一系列社会福利进行剥离，以建立公平公正的政策制度体系。

第三节　新型城镇化与户籍制度改革协调发展

一、破解城乡二元结构的关键在户籍制度改革

新型城镇化战略实施之前，全国的城镇化建设仅仅注重"造城运动"，不惜以牺牲资源和环境为代价，普遍存在不求质量、只求数量的土地扩张问题，土地城镇化明显快于人口城镇化，导致城镇化质量较低。要加快推进以人为核心的新型城镇化建设，破解落后、不符合时代要求的城乡二元结构，需要通过深化户籍制度改革，统筹相关社会领域改革，合理引导农业人口向城镇转移，增加城市劳动力供给，拉动大宗商品消费，以此推动产城融合、不同规模的城市协调发展。通过城市治理缩小城乡差距，推动城乡融合发展，并为社会体制机制变革提供坚实的经济物质基础。

二、化解常住人口存量依靠户籍制度改革

新型城镇化的要求是将已经在城镇就业的农业转移人口的落户问题解决好，并帮助农业转移人口提高其能力素质，使其快速融入城镇生产生活中。据国家统计局统计，截至 2019 年年底，全国户籍人口城镇化率与常住人口城镇化率相差 16.22%，人户分离数高达 2.8 亿人，意味着有 2.8 亿的农业转移人口及城市常住人口仍未完成进城落户，处于"半市民化"状态。这部分人已经完成了

生活空间和工作空间的转换,但没有完成市民身份的转变。要提高城镇化率,就需要将这些常住人口存量尽快化解,促进有能力在城镇稳定就业生活的常住人口落户城镇,加速农业转移人口的市民化步伐。

三、引导农村富余劳动力增量需要户籍制度改革

近年来,我国人口增幅总体放缓,新型城镇化成效明显,农村人口数量不断下降,但全国老年人口(老年人口年龄取 65 岁及以上)数量逐年增加(见表 5-1),随着老龄化的加剧,我国城镇化建设过程中的"人口红利"逐渐消失,劳动力成本将逐渐增加。破除劳动力供给瓶颈,关键在于户籍制度改革,破除城乡二元结构的约束,合理、科学引导农村富余劳动力市民化,以此推进新型城镇化建设。

表 5-1　2014—2019 年我国农村人口、老年人口数量

年份 项目	2014	2015	2016	2017	2018	2019
农村人口(万人)	61866	60346	58973	57661	56401	55162
老年人口(万人)	13755	14386	15003	15831	16658	17603

第四节　户籍制度改革对新型城镇化的
重要作用

一、服务经济社会发展

新型城镇化战略承载着"三农"问题、推动区域协调发展、扩

大内需和促进产业升级的重要任务。户籍制度改革,也是经济发展的内在要求。计划经济时期的户籍制度对人口自由迁徙进行了严格的限制,由于经济发展缓慢、人民以解决温饱问题为首要任务,因此户籍制度并未显现出它的不足。改革开放后,市场经济时期鼓励人才的自由流动和资源的优化配置,户籍制度的缺陷开始显现。随着经济社会的快速发展,机器代替手工业,农村出现大量剩余劳动力。由于户籍制度的限制,农村劳动力进入城市工作的成本增加,若不打破制度的桎梏,对我国广大农村劳动力的未来生活和工作将产生不利影响,劳动力市场上存在的户籍歧视更加不利于形成自由、平等的劳动力市场。推进户籍制度改革,消除户籍就业歧视,提供平等的公共服务和技能培训,有利于农村剩余劳动力素质的提高,为我国产业升级打下基础。

另外,户籍制度改革对于扩大内需有着明显的促进作用。我国当前的经济增长方式已不再满足时代的需求,在产业转型升级、结构亟须调整的关口,我国老龄化趋势逐渐明显,"人口红利"将慢慢消失,劳动密集型产业将不再具备竞争优势,劳动力成本逐渐增加。此时需要扩大内需拉动经济增长,户籍制度改革使得更多的农村转移人口融入城市中,生存、住房、医疗、养老需求明显增加,我国通过基础设施建设加快城镇化进程,实现新一轮的经济增长和内需拉动,由此增加就业、产生消费,刺激经济发展。改革户籍制度,将原本束缚在农村的劳动力解放出来,缓解劳动力市场供不应求的"民工荒"现象,以此降低生产成本;其子女通过接受城市高水平的教育,成为高素质的劳动力,为我国经济发展提供源源不断的内生力量,对我国经济结构的转型具有积极意义,减少我国落入"中等收入陷阱"的风险,有利于经济的可持续发展。

二、促进社会公平正义

衡量一个国家文明发展程度的标准之一是这个国家是否倡导公平正义。改革前的户籍制度具有歧视性地分配着社会资源,拥有农业户口的人仿佛天生低人一等,在利益分配中始终处于弱势地位,随着我国公民权利意识的觉醒,越来越多的人反对这种不公平的制度,要求机会公平和社会正义。构筑一个公平正义的社会,需要全社会每个人的长期努力,户籍制度改革通过取消农业户口与非农业户口的性质区分,建立城乡统一的户口登记制度,取消差别待遇,消除由于户籍带来的不公平,既有利于我国公民权益的平等,又有利于实现结果分配公平和法律正义,更有利于法制社会的构建。

三、推动和谐社会建设

作为社会的基本管理制度,户籍制度极大地影响着社会的和谐程度。户籍制度改革以最大的努力协调各方利益关系,打破固化的社会阶层结构,努力营造人与人、人与社会之间的和谐。户籍制度改革的序幕拉开后,中央和地方政府出台了一系列便民利民政策和举措,以了解群众的呼声、满足人们的合理需求。在城市管理问题上,通过实现社会公平,让外来务工人员对城市有归属感、参与感,使其适应城市的生活,并培养他们的主人翁意识,营造和谐氛围。通过户籍制度改革,人口信息管理标准化、网络化,一旦发生社会治安问题,能够快速解决问题,加快城市治安事件的处理

速度。我国 2014—2019 年的城镇失业率逐年下降,其数据分别为 4.09%、4.05%、4.02%、3.9%、3.8% 和 3.63%,我国社会必将愈加稳定、愈加和谐,更加有助于城乡融合发展,形成城乡融合的新格局。

第六章　新型城镇化下城乡户籍制度改革的
影响因素及实证研究

第一节　城乡户籍制度改革相关影响因素的
基础理论分析

在新型城镇化过程中,城镇发展受限于多种因素,产业支撑能力体现城市生产力水平,影响着城镇人口的经济能力,城镇容纳的人口数量决定城市的承载力,人居环境优劣程度影响城市整体形象和常住人口的满意程度,土地制度影响城市人口的稳定性,就业结构影响城乡土地需求比例,收入状况影响居民对城市生活的满意度。这些因素均可在户籍制度框架下统一分析。

一、促进劳动力流动基本理论下城乡户籍制度改革的影响因素

(一)配第—克拉克定理

17世纪,英国经济学家威廉·配第(William Petty)发现,不同

产业之间的收入状况不同,由此提出收入相对差异的概念,基于该概念和经济学的基本假设,他发现劳动力总是倾向于流向高收入的产业,产业结构会逐渐由生产有形的财物向生产无形的服务转变。1691年,配第在深入研究英国产业结构的基础上指出,一般而言,工业利润高于农业利润,商业利润又高于工业利润。于是,在相对收入差距作用下,劳动力的流动必然由农业转向工业,而后由工业转向商业。

1940年,另一位英国经济学家科林·克拉克(Colin Clark)提出三次产业的概念,他将人类经济活动划分为第一产业(农业)、第二产业(制造业、建筑业)和第三产业(广义的服务业)。并在配第学说的基础上比较了不同产业的收入水平,对不同收入水平下,就业人口在三次产业结构中的变动趋势进行了探讨。配第和克拉克先后发现,随着生产力的不断发展,人均国民收入水平会相应提高。但由于产业间收入差距的存在,劳动力会从第一产业向第二产业转移,随着人均国民收入水平的进一步提高,劳动力开始向第三产业转移。因此,劳动力转移的最终结果是,随着经济发展,第一产业劳动力数量减少,第二产业和第三产业劳动力数量增加。由此可以推论,各产业的劳动力比重与人均国民收入水平相关,即区域的人均国民收入水平越高,农业劳动力所占的比重就越小,第二产业和第三产业的劳动力所占比重就越大。[①]

(二)二元经济理论

二元经济理论或二元理论的主要观点是,基于各产业部门的

---

① 于刃刚:《配第—克拉克定理评述》,《经济学动态》1996年第8期。

基本特征,经济体可以划分为农业和工业两个部门,随着经济发展,工业部门所占比重会逐渐增大,工业化引起人均国民收入的变化。在实际运用中,二元理论又称为农工两部门发展理论。比较有代表性的理论有刘易斯和拉尼斯—费景汉的二元理论。

1.刘易斯二元理论

"二元"一词最早由荷兰经济学家伯克在研究印度尼西亚经济社会组织时提出,它将产业划为传统部门和现代部门两种类型。1954年,刘易斯对二元经济进行了较为系统的论述,将经济体划分为两大部门,即资本主义部门和维持生计部门。[①] 维持生存的部门也叫"最低生存费部门",其经济特征是,劳动者处于马尔萨斯的最低生存费用均衡状态,主要劳动者包括家庭农场、手工业、家庭仆人、小商业等,他把最低生存费用叫作"传统的工资"。先进部门包括矿业、大型农场、工业及大型运输业等部门。两者的区别主要表现在生产方式和分配方式上。他假设在这种"传统的工资"水平下,劳动力的供给是无限的,农业的边际生产力为0或接近于0。只要农村存在剩余劳动力,资本主义部门工人就要接受工资水平极低的传统工资,而且只要这个工资不高于维持生计部门的传统工资,维持生计部门的劳动力就会源源不断地向资本主义部门转移,直到两者工资水平接近。劳动力无限供给是刘易斯理论的关键假设条件,这与经济发展的条件与现实不符,其结论"劳动力始终只能维持最低生存工资水平"也与现实有差距。

2.拉尼斯—费景汉二元理论

拉尼斯—费景汉在刘易斯两部门划分的基础上,对其模型进

---

① 孙小雨:《对刘易斯理论的两种可能的解释——兼评关于中国经济转型的争论》,《政治经济学评论》2017年第1期。

行了扩展和完善。其理论中的二元结构是指农业部门和工业部门,在此基础上又可细分为生产部门和家庭部门。[①] 该理论放弃了劳动力无限供给这一假设条件,假定劳动力和土地是农业部门的主要生产要素,其产出仅供农业家庭和非农业家庭消费。工业部门的生产要素是资本和劳动力,主要生产各类生产资料产品和消费资料产品,产出不仅可以满足家庭消费,还可以为农业部门和工业部门提供资本支持。

拉尼斯—费景汉理论是对刘易斯二元理论的完善和发展,他通过严格的数学模型对刘易斯理论进行了规范和论证,增强了理论的系统性和科学性,能部分解决城乡劳动力转移的内在机制。但由于该理论以假设农村存在剩余劳动力、城市不存在失业、人口不变等条件为前提,与现实仍然存在一定差距。

二、抑制劳动力流动基本理论下城乡户籍制度改革的影响因素

(一)市场分割理论

刘易斯和拉尼斯—费景汉的劳动力流动理论较好地解释了在市场经济条件下,农业部门和工业部门劳动力的自由流动机制,在他们的理论中,劳动力的流动完全由市场供需关系决定,而不受户籍制度的约束。对中国而言,劳动力的流动并不完全是市场机制作用的结果,还受到制度性因素的影响,如户籍制度对劳动力流动有严格的限制功能,由此导致劳动力市场的分割。

---

① 郭剑雄、李志俊:《劳动力选择性转移条件下的农业发展机制》,《经济研究》2009 年第 5 期。

从 20 世纪 60 年代开始,部分学者开始强调制度与社会因素对劳动报酬和就业的重要性,逐步形成了劳动力市场分割理论体系。与刘易斯等人的理论不同,二元劳动力市场理论并不认为劳动力市场是完全市场机制的结果,实际上,劳动力市场不是完全竞争和统一的。该理论将劳动力市场划分为一级劳动力市场和二级劳动力市场两大部分,两者主要在劳动力配置和工资决定方面存在差异。一级劳动力市场职业具有工资高、工作条件好、就业稳定、晋升机会多等特点。雇主主要是大公司,生产资本密集型产品,工人的工资由其所在的内部劳动力市场中劳动阶梯上所处的地位决定。二级劳动力市场职业具有工资低、工作条件差、就业稳定性差、晋升机会少等特点。该市场的雇主主要由大量小企业组成,产品需求变动较为频繁,主要生产劳动密集型产品,企业对发展内部劳动力市场不感兴趣,工资水平由市场上劳动力的供求关系决定,趋向于一个固定水平。

从人力资本理论角度看,一级劳动力市场的工资水平与劳动者的职业特点密切相关,而次级劳动力市场的工资水平由社会供求关系决定,个人教育水平和培训经历等均难以推动工资水平的提高,教育更多表现为一种筛选工作机会的功能。在中国,劳动力市场分割既有其特殊性,又与中国特殊的制度变迁相关,特别是与中国特色的户籍制度有关,主要表现为以下特点。

1. 户籍制度导致进城务工农业人口工资偏低

瓦哈卡(Oaxaca)和兰塞姆(Ransom)等人的研究表明,城乡收入差距中,有 22% 归因于户籍歧视,15% 归因于教育等禀赋差异。[1]

---

[1] Oaxaca R.L.,Ransom M.R.,On Discrimination and the Decomposition of Wage Differentials, *Journal of Econometrics*,Vol.61,No.1,1994,pp.5-21.

姚先国等人的研究发现,城乡劳动力的工资差距中的 20%—30%
归因于户籍歧视,除工资外,农民工还在劳动合同、失业保险、养老
保险和工会参与等方面遭到相当程度的户籍歧视。① 钱雪亚等研
究发现,中国劳动力市场存在双重二元分割,一是二级劳动力市场
城乡分割显著,二是二级劳动力市场内部的分割,相对较差的行
业、个体和私营部门的行业分割更加严重。② 邓曲恒采用 2002 年
的 CHIPs 数据研究,发现城镇居民与外来人口工资收入差距中的
60%源于户籍歧视,而且户籍歧视的效应与收入相关,收入分布最
高端 10%的人群户籍歧视不明显,而对低收入及中等收入外来人
口,户籍歧视造成的收入差距更为显著。③ 孟凡强等人的研究发
现,户籍歧视可以解释 27.11%的城乡工资差异,户籍歧视对城乡
劳动力的社会保险、劳动合同签订等方面的影响更大。④

2. 户籍制度是农村劳动力流向相对较好的行业和部门的重
要障碍

王美艳研究发现,城乡劳动力在就业岗位上存在结构性差异,
外来劳动力进入城市主要从事收入低、稳定性差、没有任何福利待
遇的工作,很难进入公有制单位。⑤ 乔明睿等人的研究发现,户籍
为农村的劳动者进入主要劳动力市场存在障碍,城镇户口劳动力
享有更好的就业机会,他们不仅垄断了主要劳动力市场上的就业

---

① 姚先国、赖普清:《中国劳资关系的城乡户籍差异》,《经济研究》2004 年第 7 期。
② 钱雪亚、张昭时、姚先国:《城镇劳动力市场城乡分割的程度与特征——基于浙江数据
的经验研究》,《统计研究》2009 年第 12 期。
③ 邓曲恒、王亚柯:《农民工的工作条件与工资收入:以补偿性工资差异为视角》,《南开
经济研究》2013 年第 6 期。
④ 孟凡强、吴江:《中国劳动力市场中的户籍歧视与劳资关系城乡差异》,《世界经济文
汇》2014 年第 2 期。
⑤ 王美艳:《中国城市劳动力市场上的性别工资差异》,《经济研究》2005 年第 12 期。

机会,而且在次要劳动力市场中也占据优势地位。[①] 田丰等人的研究发现,公有制单位招录工人存在户籍门槛,如果让城市工人按农民工劳动力市场的就职条件就业,则只有 8.61% 的城市工人进入公有制单位。[②] 钱雪亚等人的研究发现,农村户籍人口很难进入一级劳动力市场,其概率要较城镇户籍劳动力低 16.4 个百分点。[③]

3. 户籍制度影响非本地户籍居民的幸福感

陆铭等人的研究发现,城乡分割制度不仅会严重阻碍农村劳动力向城市的自由流动,也会导致城市化进程陷于低水平均衡状态。[④] 汪汇等人的研究发现,非本地户籍人口相对本地户籍人口更加没有安全感,即使收入和教育水平提高,他们对小区邻居、社会上大部分人和政策的不信任程度仍不会改变。[⑤] 黄志岭研究发现,城镇职工在养老、医疗和失业保险参与上分别比农民工高20.2%、29% 和 35.8%,户籍歧视可以解释其中 70% 的差异。[⑥] 孟凡强等人的研究发现,户籍歧视可以分别解释城乡户籍劳动者在养老、医疗、失业保险和劳动合同签订上存在 36.73%、30.71%、39.28% 和 29.18% 的差异。[⑦]

[①] 乔明睿、钱雪亚、姚先国:《劳动力市场分割、户口与城乡就业差异》,《中国人口科学》2009 年第 1 期。

[②] 田丰:《城市工人与农民工的收入差距研究》,《社会学研究》2010 年第 2 期。

[③] 钱雪亚、胡琼、苏东冉:《公共服务享有、居住证积分与农民工市民化观察》,《中国经济问题》2017 年第 5 期。

[④] 陆铭、陈钊:《在集聚中走向平衡:城乡和区域协调发展的"第三条道路"》,《世界经济》2008 年第 8 期。

[⑤] 汪汇、陈钊、陆铭:《户籍、社会分割与信任:来自上海的经验研究》,《世界经济》2009 年第 10 期。

[⑥] 黄志岭:《社会保险参与的城乡工人户籍差异实证研究》,《财经论丛》2012 年第 4 期。

[⑦] 孟凡强:《劳动力市场多重分割下的城乡工资差距》,《人口与经济》2014 年第 2 期。

（二）制度变迁理论

制度是个人在社会中需要遵守的一整套行为规则。从制度经济学角度看,在均衡状态下,现有制度安排是所有选择集中最优的。要想制度变迁得以实现,必须创造制度非均衡带来的获利机会。户籍制度改革是一种制度变迁,对其讨论离不开新制度经济学派的理论框架,该理论认为户籍制度一定程度上减少了劳动力的自由流动。在政治上,户籍制度导致了公民权利的身份歧视,在经济上,户籍制度抑制了农民工收入和消费增长,减缓了城市化进程和经济增长;在社会上,户籍制度导致了阶层分化和城乡差距。因此,户籍制度理应被取消,但现实上,我国的户籍制度依然稳固,户籍制度改革进程依然缓慢,其原因大致可分为以下三类。

一是城市居民比农民更加具有政治优势,城市居民担心户籍制度改革会给自身带来负面影响,因而会向政府施加压力,阻碍户籍制度改革。由于存在"数量悖论",即农民工人数多而政治力量弱,导致农民在谈判地位和政策影响力上处于劣势。中国公众影响政策走向的渠道主要来自各级人民代表大会制度,但由于长期以来农民与城市人口很难做到"同票同权",农村与城市每一代表所代表的人口比为 4 ∶ 1。到 2010 年,我国"同票同权"才得以实现,但能否选出真正代表广大农民群众利益的代表仍值得担忧。在制度投票中,农村户籍的代表能否真正代表农民的利益,或者他们能否真正代表城市务工农民工的利益等一系列问题仍然值得关注。在政策选择上,政府由于其有限理性而无法判断户籍制度的改革所带来的影响,基于风险厌恶,政府更倾向于维持原有户籍制度。[①]

　　二是中国长期以 GDP 作为重要考核指标的政府管理方式导致了地方政府的"发展主义"倾向。从我国的财政制度看,地方财政主要履行政府对内职能,扩大地方财力是地方政府的重要任务。因此,地方政府"做大做强蛋糕"的动力和压力很强,但"分好蛋糕"的动力很小。[②] 地方政府倾向于经济增长和财政收入最大化,而忽视公共服务职能。由于我国纵向问责机制的局限性和横向问责机制的不健全,地方政府在户籍制度的改革方面很少受到问责,中央政府推行的农民工政策在与地方利益相冲突时,甚至会遇到地方政府的阻力。因此,只要当前对地方发展的考核方式和财税制度维持不变,地方政府的"发展主义"倾向就很难改变,维持户籍制度不变是地方政府的最优选择。

　　三是在我国当前财政分权与属地管理的政治框架下,高昂的农民工市民化成本让地方政府望而却步。地方政府没有动力去建立成本分摊机制,也没有向外来移民提供公共服务等福利的动力。据测算,农业转移人口市民化的人均成本约为 5 万—17.6 万元。[③] 若按照发达国家的城市化水平测算,实现 5 亿农业转移人口市民化,以人均市民化 10 万元成本推算,今后 20 年,中国农村转移人口市民化需要花费 50 万亿元,这一数据足以压垮地方财政。[④] 部分学者对测算中高昂的成本提出了质疑,他们认为,当前农业转移人口

---

① 陈钊:《中国城乡发展的政治经济学》,《南方经济》2011 年第 8 期。

② 吴开亚、张力:《发展主义政府与城市落户门槛:关于户籍制度改革的反思》,《社会学研究》2010 年第 6 期。

③ 张国胜:《基于社会成本考虑的农民工市民化:一个转轨中发展大国的视角与政策选择》,《中国软科学》2009 年第 4 期。

④ 张国胜、陈瑛:《社会成本、分摊机制与我国农民工市民化——基于政治经济学的分析框架》,《经济学家》2013 年第 1 期。

市民化成本被严重高估,如果不重复计算农民所享有的农村基本公共服务转化为城市公共服务的成本,且不计个人承担的农业转移人口市民化成本,则我国农业转移人口市民化成本每年仅需新增支出6409亿元,相对于每年13万亿元的财政收入规模并非难以承担。①

综上所述,在制度变迁理论下,户籍制度改革是一项强制性的制度变迁,政府是其中的主角。均衡状态下,政府更倾向于现有的户籍制度是最为有效的制度,从而没有改变现有制度的动力。当外部条件发生变化时,如果制度非均衡能为当地政府带来潜在的获利机会,政府就有动力去改变当前的户籍制度,从而使制度变迁得以发生。美国经济学家诺斯指出,只有当一种相对价格变化能使交换一方或双方认为自身处境得到改善时,人们才有重新定约或签约的动力。正式制度的任何变化都需创新者花费时间和精力去组织、谈判,并争取个人的同意,这也加大了户籍制度变迁的难度。在正式制度的强制性变迁中,政府只会在新制度安排所带来的预期收益超过预期成本时,才会采取行动。

第二节　城乡户籍制度改革的影响因素分析

一、人口流动对城乡户籍制度改革的影响

(一)人口流动较少时期户籍制度管理较严

户籍制度是国际上通用的一项基本人口管理制度,是社会管

---

① 陆铭、蒋仕卿、陈钊等:《摆脱城市化的低水平均衡——制度推动、社会互动与劳动力流动》,《复旦学报(社会科学版)》2013年第3期。

理的基础。在现代社会,世界各国均有类似的户籍管理政策和方法①,但国外一般将这种制度称为"民事登记"或"人事登记"②,其主要功能是人口信息管理,而对人口迁移的管理比较宽松,很少或不限制人口的自由迁移。与之相对应,中国的户籍管理制度对人口迁移管理十分严格,居民如需迁移至另一地,首先需要达到迁入地准入条件,由迁入地核发准迁证才能迁移,由此将户口与居民的各项社会福利和权利相挂钩。从历史上看,中国很早就有基于人口管理的户籍制度,据《史记》记载,周宣王"料民于太原",这里的料民即清查统计人口。其后尽管经历了朝代变迁和经济社会的发展,户籍制度仍然作为历代王朝的一项基本管理制度延续下来,成为人口管理、人口统计、土地分配、赋税徭役征收等政策的重要依据。

　　新中国成立后,基于计划经济体制建设初期特定的政治、经济和社会背景,我国逐步完善和建立了新的户籍制度。1958 年以前,我国户籍制度管理相对宽松,这一时期的户籍制度从城市开始实施,其文件早可以追溯到 1950 年的《关于特种人口管理的暂行办法》及 1951 年的《城市户口管理暂行条例》,其主要功能是管理公民居住与迁移自由,以及维护社会治安,还没有与社会福利、经济利益相挂钩。1953 年我国开始了第一次人口普查,由此也开始建立了我国农村户口登记制度。1955 年,国务院颁发《关于建立经常户口登记制度的指示》,我国户口登记和迁移管理制度开始由

---

　　① 　陈成文、孙中民:《二元还是一元:中国户籍制度改革的模式选择——国际经验及其启示》,《湖南师范大学社会科学学报》2005 年第 2 期。
　　② 　张晓飞:《我国户籍法律制度的主要问题及解决》,《天津行政学院学报》2009 年第 6 期。

城市扩展到农村。

1958—1984 年是我国户籍管理制度的严格控制期。这一时期,户籍制度被认为是以限制农村人口迁移或限制农村人口获得国家福利,进而支持城市发展的"剪刀差"的城市工业化模式。[①] 1958 年 1 月,全国人大通过《中华人民共和国户口登记条例》,第一次提出了"农业户口"和"非农业户口"的概念,从而确定了我国城乡二元的户籍结构。该条例指出,"公民由农村迁往城市,必须持有城市劳动部门的录用证明,学校的录用证明或者城市户口登记机关准予迁入的证明,向常住地户口登记机关申请办理迁移手续"。这一规定明确了城乡户口迁移和变动的程序,增加了城乡户口迁移的难度,限制了农村劳动力进入城市。"三年困难时期"以后,城市人口增长与城市就业之间的供求矛盾开始出现,在资源约束下,政府需优先保障城乡人口就业,从而采取户籍制度限制农村劳动力进入城市,户籍制度对人口流动的管控功能进一步加强,是一种阻碍人口迁移的制度。1963 年,公安部开始以是否吃国家计划供给的商品粮为依据,将我国居民户口划分为"农业户口"和"非农业户口",第一次使城乡二元的户籍划分有了真正可操作性的依据,户籍制度开始成为城乡之间福利和社会管理的壁垒性制度。1964 年的《公安部关于处理户口迁移的规定(草案)》,进一步明确加强对人口迁移的管理,严格控制城市人口规模。1977 年的《公安部关于处理户口迁移的规定》强调,"由农业人口转为非农业人口,从其他市迁往北京市、上海市、天津市的,要严格控制,从镇迁往市,从小市迁往大市……应适当控制"。自此,城乡之间的

---

① 任远:《中国户籍制度改革:现实困境和机制重构》,《南京社会科学》2016 年第 8 期。

户口迁移限制扩展到了城市之间,与此同时,由于户籍制度分割所带来的城乡差距日益扩大,依附在城乡户籍之上的巨大福利差异也带来城乡居民身份的不平等。

(二)人口流动增大时期户籍制度管理相对宽松

随着我国市场经济的逐步发展和社会结构的不断转型,一方面,城镇经济体制改革的启动与城市企业的发展,劳动力的需求不断增加。另一方面,农业生产率不断提高为农民进城创造了条件,国家户籍制度开始由"紧"向"松"转变,农民在经济、社会与政治生活等方面的自主权利增加,农民开始进城找工作。

1984—2001 年是我国户籍管理制度的半开放期。1984 年,中国社科院教授张雨林首次提出"农民工"一词,用作对离开农村到城市打工农民的主要称谓,随后该词被广泛使用。同年,受劳动力需求市场变动的影响,国务院发布《关于农民进入集镇落户问题的通知》,允许农民自筹资金、自理口粮,进入城镇务工,允许有经营能力和技术专长的农民进集镇落户,农民非农化就业进入快速增长时期,1983 年我国农民非农化就业人口为 300 万人,1984 年这一数值达到 2000 万人。1985 年《关于进一步活跃农村经济的十项政策》指出,加强城乡经济交往,城市要在用地和服务设施方面为农民工提供便利。《关于城镇暂住人口管理的暂行规定》实施,部分城市开始对流动人口实行"暂住证"制度,真正赋予了农民在城市就业的权利。至此,国家认可和支持农民工进城工作和居住的权利,但农民进城工作和定居仍然受到一定限制。1992 年邓小平"南方谈话"后,东南沿海地区的外资、私营企业大量涌现,劳动密集型企业快速增长,"进厂又进城、离土又离乡"的农民工大量出现。但大量的人口流动给交通运输、社会治安、劳动力市场管理等方面带来了一系列负面效应,农民工问题逐渐成为关系中国经济社会持续健康发展和政治稳定的重要问题。对此,户籍管理制度又开始缩紧。《关于进一步控制民工盲目外流的通知》要求各地政府严格控制当地农民工盲目外流。在此期间,又恰逢我国三年整顿时期,乡镇企业普遍面临资金紧缩压力,部分农民工被解雇而不得不重回农村,我国第一个农民工回流高峰开始出现。1996 年,《关于"外出人员就业登记卡"发放和管理有关问题的通知》指出,农民工进城就业除了必须持有身份证外,还要求在所在城市办理就业证、务工证、流动人员婚育证明、暂住证等,表明农民工进城就业的行业和职业门槛仍然存在。这一时期,在"优先确保城市下岗职工就业"的思想指导下,各地还公布了农民工的歧视政策,如上海市首次确立了外地劳动力使用分类管理制度,广东省、南京市、北京市等城市开展大规模的"腾笼换鸟"行动,即用本地下岗职工代替工作岗位上的农民工①,进一步推动农民工回流。

2001 年至今是我国户籍制度改革的各地分头推进时期。国家逐步取消了针对农民工的一系列限制性政策,农民进城的限制开始减小,农民在城市的生存环境也得到很大改善。在管理方式上,国家对农民工进城的态度由原来的以堵为主的控制方式转变为以疏为主的引导方式。2001 年,《关于推进小城镇户籍管理制度改革的意见》指出,对办理小城镇常住户口的人员,不再实行计划指标管理,农民进入小城镇的限制被解除,标志着小城镇户籍制度改革全面推进。2003 年,《关于做好农民工进城务工就业管理

---

① 洪大用:《城市外来劳动人口与下岗职工就业政策环境的比较研究》,《学海》2001 年第 3 期。

和服务工作的通知》提出,在就业权利上,农民工和城镇居民应一视同仁,取消城市对进城务工农民就业的不合理限制,社会上对农民工所遭遇的不公平现象开始广泛讨论,农民工维权开始成为社会关注的问题。2004 年,《关于促进农民增加收入若干政策的意见》指出,城市对农民工的歧视政策不具有合理性,建立健全有关法律制度,依法保障进城务工农民的各项权益。2006 年,《国务院关于解决农民工问题的若干意见》提出,要逐步落实城乡平等的就业制度,城市各企事业单位不得以解决城镇户籍劳动力就业为由而清退和排斥农民工,户籍制度改革进一步展开。部分地区也开始"先行先试",推出了一系列的改革试验政策,如取消农业户口与非农业户口的划分,逐步推行"城乡户口一体化"等政策。到2006 年年底,全国共有湖北省、四川省等 12 个省(自治区、直辖市)已取消城乡二元户口的划分,将城乡户口登记制度统一为居民户口登记制度。至此,城乡户籍改革迈出了最艰难的一步,城乡二元户籍制度开始出现松动。2010 年,广州规定外来务工人口只要积满 85 分,即可申请入户;成都规定农民可以带着农村产权进城落户,并享有城市居民的各项社会保障,部分三线及以下中小城镇开始实行基本开放的户籍政策,为绝大多数农民工落户敞开了大门。

二、工业化进程对城乡户籍制度改革的影响

户籍制度在我国城镇化进程中扮演着重要角色,一度成为我国劳动力自由流动的巨大障碍,调节着人口资源在城乡间和城市间的迁移与分布,控制着城市内部的福利分配。新中国成立以来,我国工业化经历了不同阶段,大致可以划分为资本原始积累、产业扩张和结构调整三个阶段。与此同时,作为生产者和消费者的劳

动者也经历了不同的户籍制度变革,引发了我国劳动力市场改革的巨大变化。一是严格的人口迁移限制与非歧视的城市福利分配阶段。新中国成立之初,我国仍然是一个农业大国,工业劳动者占工农劳动者的比重只有6%。[①] 为巩固新生政权,我国选择了重工业优先发展战略,该战略以发展资本密集型工业为主,对劳动力的需求少,进而限制农业剩余劳动力向城市转移,农民被束缚在农村。二是相对自由的人口迁移政策和歧视性的城市福利分配制度。一方面,农村家庭联产承包责任制的实施提高了农业生产的积极性,农业劳动生产率迅速提高,剩余劳动力有了外出的动力,"民工潮"随之出现。同时经济活力不断激发,乡镇企业异军突起,为农业剩余劳动力的转移提供了机会,农村剩余劳动力开始加速向非农部门和城镇转移。另一方面,进城农民工仍面临着歧视性的城乡户籍制度福利差异。三是自由有序的人口迁移与非歧视的城市福利分配阶段,各省基本上均提出了建立城乡统一的户口登记制度和居住证制度,在此基础上建立起了与居住证挂钩的基本公共服务供给机制。

(一)工业化的资本原始积累阶段户籍制度较为严格

经历了14年抗战和4年内战,我国工业化不得不从废墟上起步。到新中国成立初期,我国仍是一个以农业为主的国家,农业人口占总人口比重达到90%,按照国际上产业结构发展的经验,我国将会由农业国向工业化国家转变,劳动力会由农业部门向工业部门和服务业部门转移。但实际上,我国1949—1977年工业化发

---

① 魏立华、丛艳国:《"自利性"户籍制度对中国城市社会空间演进的影响机制分析》,《规划师》2006年第6期。

展路径没有遵循这一规律,这一时段,我国产出结构出现急剧变化,农业所占国民经济比重由 45.4% 下降到 23.3%,年均下降 0.85 个百分点。同时,社会就业结构保持稳定,城市化水平由新中国成立初期的 12% 提高到 17%,年平均仅提高 0.19 个百分点,农业人口没有大量涌入城市。这一发展规律与我国当时所受的极为恶劣的国际国内环境影响有关。新中国成立后,我国需要迅速完成工业化所需的原始资本积累以维护民族独立和国家安全,为此不得不选择优先发展重工业战略。1958 年开始,我国开始"大跃进",党的八大二次会议也制定了"鼓足干劲,力争上游,多快好省建设社会主义"的总路线,违背经济发展规律提出了一系列不切实际的任务和指标,导致全国经济虚假性急剧增长,劳动力的需求也随之出现虚假性增长。由于农村集中了部分劳动力从事非农活动,如大炼钢铁占有了本该从事农业生产的劳动力,导致农业从业比重一年内下降了 23 个百分点,1958 年的粮食产量也下降了 24.4%,经济发展陷入困境。对此,国家不得不进行经济调整,并制定了极为严格的户籍政策,限制人口自由进入城镇。到 1966 年的"文化大革命"爆发,我国经济社会的正常秩序完全被打破,大量生产部门陷入瘫痪状态,农村剩余劳动力不仅无法向城镇流动,反而开始回流。在这样的背景下,重工业优先发展、对外相对封闭、资本极度稀缺就成为我国户籍制度形成的逻辑起点。

在对外相对封闭、资本极度稀缺的背景下发展具有高资本构成特征的重工业必然要付出代价,该战略导致资本吸纳的劳动力减少,对就业和其他产业的带动能力较弱,无法对农村剩余劳动力产生有效吸纳。但由于新中国成立之初,我国经济受长期战乱和国民党破坏,西方国家也对中国实行禁运和封锁,使得我国长期处于对外封闭状态,几乎失去了通过正常国际交流获得生产资料的可能,因而无法像发达国家的工业化建设那样,从外部获取原材料和市场。对此,为获取工业发展的原始资本积累,城市以工农业"剪刀差"方式在低价获得农村农产品的同时,将工业品高价出售给农村,以获得满足工业发展农业剩余。在资本极度缺乏的前提下,优先发展重工业的战略吸收了社会上大量的资本,也产生了大量外债,进一步导致了资本的缺乏,使经济陷入恶性循环,为此,政府不得不使用劳动代替资本,将大量农村劳动力招入城市,并转变成为具有城市户口的居民,以提高社会总产出。1958年全国就有1100多万农村劳动力进入城市,由于这一时期,农村人口只要成为城市职工,就可以享受与城市原住居民同等的福利待遇,从而加大了政府财政支出的负担。"大跃进"之后,我国国民经济出现后续投资不足的经济危机,进而经济发展速度下降,就业率上升,政府支出压力加大,排挤农村人口再次成为当时的政策选择。1961年,中央提出三年内城镇人口减少2000万人以上,使得刚刚迁到城市的农村人口不得不重新回到农村。同时"上山下乡"运动广泛开展,大量城市知识青年也被下放到农村,这样,城市经济危机的成本向农村转嫁,城市的发展牺牲了农村的利益。与此同时,在消费资料产品严重不足的情况下,为了最大限度地减少政府支出,国家还通过粮食统购统销制度,只负责城市非农业户口的粮油供应,这样即使农民生活在城市也无法获得口粮,进而切断了农民向城市流动的可能性。与之相对应,拥有城市户籍的居民不仅可以低价获取粮食,而且能享受近乎免费的住房、医疗、教育、养老等社会福利。这种制度安排以控制城市人口为主,将享受低价粮食和免费福利的人口范围缩小,并内在避免由于农民流入城市所造成的福利溢出,是低成本工业化发展战略的选择,也是城乡二元分割的户籍制度形成的逻辑起点。在政策导向下,1961—1963 年,我国共精减城市职工 1800 万人,城市人口减少 2600 万人。

(二)工业化的产业扩张阶段人口迁移相对自由

20 世纪 80 年代,国家层面的资本原始积累基本完成,工业化开始进入地方政府主导的阶段。1978—2004 年,我国农业就业比重从 70.5% 下降为 46.9%,年均下降 0.87 个百分点,下降速度较快。随着改革开放,区域经济发展的活力不断增加,政策允许一部分地区率先发展,沿海和部分经济基础较好的城市率先走上了劳动密集型产业发展之路,成为经济增长的龙头。农业劳动生产率的提高和农产品价格的提升改变了城乡相对工资,在市场经济作用下,农村剩余劳动力有了转移的意愿。1984 年《关于农民进集镇落户问题的通知》的颁布为我国农村劳动力转移提供了制度指导,农民开始加速由欠发达地区向发达地区城市大规模转移,乡镇企业成为农村剩余劳动力的主要吸纳地。依靠低劳动力成本的人口红利优势,我国工业化开始进入以出口导向为主要战略,以劳动密集型产业为主要产业类型的,在世界范围内扩张发展的阶段。

家庭联产承包责任制带来的直接效应是农民生产积极性得到极大提高,农业生产率的提高为农民进城解除了粮食供应短缺的后顾之忧,以户籍控制保护粮食安全的制度也就失去了必要性。这一时期城乡互动的大门已经打开,但城乡人口自由流动通道仍比较脆弱,一旦遇到经济波动,政府总是优先保证城市的稳定和发展,进城农民会被"清退""遣返"回农村。到 70 年代末,"上山下乡"的知青开始返城就业,在城市就业岗位有限的情况下,国家迫于压力,开始严格审批农民工进城并清退进城务工农民。1979
年,国家开始支持乡镇企业发展,以"离土不离乡"方式鼓励农民
在当地就业,从而达到限制农民进入城市并解决就业的目的。
1981 年《关于严格控制农村劳动力和农业转为非农业人口的通
知》进一步提高了农民进城的难度,通知规定,城镇集体所有制单
位一律不得从农村招收农民,从源头上禁止了农民进城,进一步压
缩了城市农村劳动力的生存空间。因此,城乡人口的迁移在这一
时期只是相对的自由。

　　这一时期,我国农村劳动力在城乡之间的迁移是相对自由的,
他们虽然可以迁移,但身份并不会发生变化,其进入城市的职位也
受到限制。进城就业的农民工主要集中在城镇私营企业和外商投
资企业,建筑、矿山等艰苦行业也是农民工的重要接纳地,他们与
单位一般签订劳动合同。由于没有城市户籍,农民工也就不能享
受与城市户籍挂钩的就业保障、住房、医疗、教育、社保等一系列福
利。此时的户籍制度是一种相对自由的人口迁移与歧视性的城市
福利分配相结合的制度。[①]

　　户籍制度的这种变化与我国当时所处的工业化发展阶段相适
应。在工业化扩张阶段,资本密集型和劳动密集型产业同时并存,
劳动力市场也分化为资本和劳动密集型的二元分割的市场。根据
劳动力二元市场理论,资本密集型为主导的市场为一级劳动力市
场,其所提供的岗位具有高工资、高福利、就业稳定、环境舒适等
特点,其劳动者主要源于城市本地居民。劳动密集型为主导的市
场为二级劳动力市场,其特点是需要大量非熟练、低工资的劳动力

---

① 邹一南:《户籍制度改革的内生逻辑与政策选择》,《经济学家》2015 年第 4 期。

从事不稳定的工作,工作报酬低、稳定性差且社会地位低,难以吸引城市本地劳动力,从而为农村外来劳动力提供了就业机会。[①]由于户籍制度的存在,农村劳动力虽然在城市工作,其社会身份却仍在农村,国家并没有出台具有全国性质的关于解决农民工问题的长远规划。农民工无论是工资水平还是社会地位,所参照的都是相对落后的农村地区水平,导致农民工一方面需要在城市的低层次岗位上工作,另一方面无法享受与城市居民同等待遇的社会福利分配,在这种矛盾下,为获取劳动报酬以改善其生活水平和社会地位,农民工被动接受了劳动力市场中的不公平待遇。

农民工是我国工业化进程中的一支重要的劳动大军,是推动我国经济增长的重要力量。改革开放以来,大量农民工用勤劳付出和低价的回报为我国经济社会发展作出了重要贡献。但这种贡献是一种被动的贡献,其背后依附的是以相对自由的人口城乡迁移和歧视性的城市福利分配为特征的户籍制度。这一制度适应了工业化发展的内在需求,为劳动密集型产业扩张提供了大量低价劳动力,促进了我国经济的持续高速增长,我国经济增长率也长期维持在9%左右。然而,这种快速增长的代价是城乡内部的福利分配差异逐渐激化出越来越大的社会矛盾。城镇非户籍流动人口给城市带来了不稳定,如有人将城市犯罪等城市不文明现象归因于农民工,也有人认为农民工在城市中的消费和投资需求有限,对城市经济增长作用较小。这些关于农民工对经济持续增长的负面讨论逐渐变成社会治理的热点。

---

①　章元、高汉:《城市二元劳动力市场对农民工的户籍与地域歧视——以上海市为例》,《中国人口科学》2011 年第 5 期。

(三)工业化的结构调整阶段人口更加自由地迁移

世纪之交,以连续数年的通货紧缩为标志。1992 年,我国经济开始复苏,当年投资增长率为 18.5%,经济增长率为 12.9%,但通货膨胀率为 8.2%。1994 年,随着我国财税、汇率、外贸、住房等制度的改革,投资增长率为 7.3%,经济增长率为 12.7%,通货膨胀率高达 20.6%。到 1997 年,亚洲金融危机来临,泰国货币贬值 60%,马来西亚货币贬值 25%,印度尼西亚货币贬值 28%,与此同时,中国经济也受到严重冲击,投资增长率下降为 2.6%,经济增长率下降为 8.5%,通货膨胀率减少为 1.5%。国内经济的总供求关系开始进入一个全新时期,正式由卖方市场向买方市场转变,多个行业出现持续的产能过剩。钢铁、水泥、平板玻璃、煤化工、多晶硅、风电设备六大行业面临去产能的重任,内需不足成为阻碍工业化进一步发展的关键因素。2001 年中国加入世界贸易组织,出口开始成为拉动我国经济增长的稳定马车。2008 年世界金融危机导致世界需求市场整体萎缩,出口对经济增长的拉动作用明显减小,此时,转变发展观念,加快产业结构调整,依靠内需拉动成为我国经济持续增长的内在要求。

在当前,我国经济中还有 2.7 亿农民工有待进入城市,需要实现身份的转变。从人口学和经济学意义上看,这部分人进入城市需要享受现代城市发展的物质文明和精神文明,需要在城市中进行吃、住、行、游、购、娱等消费。另外,受传统观念的影响,农民工并不太愿意在城市消费,因此,如何释放这部分群体的有效需求成为城市化进程中需要解决的重要难题。由于农民工普遍没有城市本地户籍,也就没有与城市户籍相对应的公共福利,因此,在心理上,农民工总是处于一种不安状态,其消费和投资行为相对于城市居民更为谨慎。由于就业保障、住房、子女义务教育、社会保障等方面的缺失,农民工对城市的认同感普遍不高,即使进入城市也无法真正融入城市,他们仅仅把自己当作城市的过客。他们会压制自己的非生活必需需求,最大限度地压低消费支出和社会支出,更不会投资于城市住房,进而抑制社会总需求,影响着工业化进程和经济增长。

针对农民工进城的顾虑,通过深化户籍制度改革,促进农业转移人口市民化既是释放内需的重要途径,也是新常态下经济结构调整的客观要求。户籍制度改革可以改善农民工的消费结构,增加内需,提高经济活力和社会中服务业比重,进而优化经济结构。研究表明,放松户籍限制,可有效提高我国农民工的消费水平和进城积极性,如实现消费水平提高 20.8%,促进 1000 万农业转移人口市民化,受消费拉动的影响,我国经济增长速度也会平均加快 1 个百分点左右。[①] 农业转移人口市民化也可促进固定资产投资增长,并降低经济增长对进出口的依赖程度。

总之,推进户籍制度改革,消除城乡福利分配歧视,实现城乡人口更加自由地迁移,既是我国经济可持续发展的客观要求,也是构建和谐社会,激活和释放社会有效需求,不断增强消费拉动经济的必要路径。

三、城镇化对城乡户籍制度改革的影响

新中国成立以来,结合我国宏观经济发展形势,可以大致将我

[①]　陈斌开、陆铭、钟宁桦:《户籍制约下的居民消费》,《经济研究》2010 年第 S1 期。

国人口迁移的发展历程划分为四个阶段。第一阶段:1949—1957年,为城镇化起步发展阶段。第二阶段:1958—1965年,为城镇化不稳定发展阶段。第三阶段:1966—1977年,为城镇化停滞发展阶段。第四阶段:1978年至今,为城镇化快速发展阶段。

(一)1949—1957年城镇化起步发展阶段:人口自由迁徙

新中国成立之初,我国还是一个自然经济占主导地位的农业大国,城镇化水平和生产力水平均较低。1949年,我国城镇人口仅为5765万人,城镇化水平为10.64%,工业劳动者占工农业劳动者的比重仅为6%。① 同年,党的七届二中全会在西柏坡召开,毛泽东同志做了重要报告,全党的工作重心由农村向城市转移。1953年,我国开始执行第一个五年计划,进入大规模经济建设时期,156项重大城市工业项目上马。这一时期工业对劳动力的需求大量增加,大批农村劳动力开始由农村向工厂矿区迁移或进入城镇就业,农业就业的比重由1952年的83.5%下降到1957年的81.2%。与此同时,受工业化的影响,我国建制镇的数量也大幅增加,城市数量由新中国成立初的132个增加到1957年的176个,建制镇数量在1953年达到5402个,1957年我国城镇总人口达9949万,城镇化水平达到15.39%,年平均增长0.6个百分点。城乡户籍制度在城镇化的发展过程中逐步得到完善,城市和农村的户口登记管理制度初步成型,城市由公安机关负责登记户口、发放簿册,农村由基层政府承担部分户口管理工作。

---

① 韩俊:《我国农村劳动力转移的现状与特点》,《江淮论坛》1995年第2期。

（二）1958—1977 年城镇化不稳定发展阶段：人口迁移流动控制

1958 年开始了"大跃进"，在"全面跃进""跑步进入共产主义"等政策指引下，全国经济虚假性急剧膨胀，农村劳动力大量涌入城市寻找就业机会，全国工业和建筑业新增职工 1900 万人，相当于原有职工的 2 倍，其中来自农村的劳动力约有 1000 万人。[①] 当时颁布《中华人民共和国人口登记条例》，确定了一套严格的户口管理制度，对人口流动进行严格限制，城镇化进程发展较慢，城镇化水平由 1958 年的 16.25% 增加到 1960 年的 19.75%，城市数量由 1958 年的 184 个增加到 1960 年的 199 个。到 1961 年，全国城市数量达到 208 个，比 1957 年增加 32 个，增幅达 18.19%。与此同时，农村开始大炼钢铁，大量劳动力被迫放弃农业生产。到 1958 年，农业劳动力比 1957 年减少 3817 万人，粮食总产量也下降了 24.4%。随后，中央为缓解冒进和饥荒造成的不利局面，不得不进行经济调整，同时也制定了极为严格的政策控制农村人口自由进入城镇，并动员城镇就业的农村劳动力回流参加农业生产。1961—1963 年，农业占国民经济的比重从 58.2% 上升到 82.5%，几乎回到了 1952 年的水平，与此同时，城镇人口大幅减少，共计减少 1061 万人，城镇化水平也下降到 16.84%。到 1965 年年底，全国城市数量减少到 168 个，建制镇数量为 2902 个，其间共撤销建制镇 1527 个，城镇化水平为 17.98%。1966 年，为期十年的"文化大革命"开始，社会正常秩序被完全打破，工农业生产停滞不前，

[①]　范小玉：《我国农村劳动力转移现状及其发展趋势》，《调研世界》1997 年第 3 期。

许多生产部门陷入瘫痪,经济运行严重受阻,城镇化进程遇到极大挫折,劳动力不仅难以向城镇转移,反而出现了回流。1968年开始,在知识青年"上山下乡"的号召下,大批城镇人口下放农村,1968年年底到1977年,约有1600万知识青年和城市机关干部被下放农村,加上1400万左右的城镇职工、干部及家属等,共3000万人左右流入农村。这一时期,中央对城镇建设的投资较少,城镇化基本处于停滞或倒退状态。1966—1974年,我国城镇化水平下降了0.7个百分点,城市数量略有增加,为181个,仅比1966年增加了10个。随着"文化大革命"接近尾声,混乱无序的生产状态开始正常,城镇化进程也重新走上正轨,到1977年,我国城市数量达190个,城镇化水平重回到17.55%,接近1968年水平。城乡二元分割特征在这一时期凸显出来,产生了与户籍相关的"居住"和"暂住"的概念,造成了城乡之间流动人口和本地居民在教育、医疗、社保、卫生等诸多方面的不平等待遇。

(三)1978年至今城镇化快速发展阶段:人口迁移流动逐步松动

1978年,党的十一届三中全会召开,我国正式拉开了农村经济体制改革的序幕。经济活力进一步激发,劳动力市场重新活跃起来,农村劳动力转移多年处于停滞的状态被逐步打破,农村劳动力转移呈现加速趋势。1978—1984年,我国城镇人口由17245万人增加到24017万人,城镇化水平由17.92%提高到23.01%。与此同时,为适应经济增长,城市数量也快速增长,由193个增加到了300个,建制镇由2176个增加到7186个。到1984年,我国农业就业比重达到最高点,然后开始持续下降。1989年发生的政治风波扰乱了正常的经济建设进程,导致当年农村劳动力转移陷入低谷,但从此以后,我国农村劳动力迁移又开始进入一个新的周期,劳动密集型产业发展迅猛,极大地调动了农村剩余劳动力进城经商务工的积极性,大量农民进入城市。到 2016 年,我国地级市数达到 291 个,出现了一批特大型城市,县级区划数达 2850 个,乡镇级区划数达 39789 个,常住人口城镇化率达到 57.4%,城镇化进入高速发展时期。国家通过户口管理制度来控制城市规模,城镇化快速发展,户籍制度改革全面推进。

第三节　新型城镇化下城乡户籍制度的相关性分析

一、城乡户籍制度与城乡居民收入差距的相关性分析

(一)城乡居民收入差距较大

1990 年,我国城镇居民人均可支配收入为 1510 元,2019 年,这一数值增长为 42359 元,是 1990 年的 28 倍。与之对应,1990 年,我国农村居民人均可支配收入为 686 元,2019 年上升为 16021 元,是 1990 年的 23 倍。如表 6-1 所示,从 2014 年到 2019 年,近六年,2014 年我国城乡收入比为 2.64,2015 年我国城乡收入比为 2.69,2016 年我国城乡收入比为 2.71,2017 年我国城乡收入比为 2.72,2018 年我国城乡收入比为 2.73,2019 年我国城乡收入比为 2.75,城乡居民收入变化差距比值有所缩小,从总体看城乡居民收入差距有所缩小,但缩小进度较为缓慢,总体来看城乡居民收入差距还是较大。

表 6-1　2014—2019 年中国城镇居民和农村居民人均可支配收入数据

（单位：元）

指标＼年份	2014	2015	2016	2017	2018	2019
城镇居民人均可支配收入（元）	42359	39251	36396	33616	31195	28844
农村居民人均可支配收入（元）	16021	14617	13432	12363	11422	10489

（二）不同职业收入差距大

根据国家统计局统计数据，2005 年，我国工资水平最高的行业为信息传输、软件和信息技术服务业，人均工资达到 38799 元；其次为金融业，人均工资为 29229 元；再次是科学研究和技术服务业，人均工资为 27155 元；工资最低的为农、林、牧、渔行业，人均工资仅为 8207 元，次低的为住宿和餐饮业，人均工资为 13876 元。行业最高工资与最低工资相差 30592 元，行业最高工资是最低工作的 4.73 倍。2016 年，工资最高的行业仍然是信息传输、软件和信息技术服务业，人均工资达到 122478 元；其次为金融业，人均工资 117418 元，科学研究和技术服务业为 96638 元；工资水平最低的行业仍然为农、林、牧、渔行业，为 33612 元，次低的为住宿和餐饮业，为 33612 元，行业最高工资与最低工资差为 88866 元，行业最高工资是最低工资的 3.64 倍。行业人均工资的绝对差距在拉大，但相对差距在缩小。2017 年城镇单位就业人员平均工资 74318 元，我国工资水平最高的为信息传输、计算机服务和软件业，城镇单位就业人员平均工资 133150 元，其次为金融业，城镇单位就业人员平均工资 122851 元，最低的为农、林、牧、渔业，城镇单位就业人员平均工资 36504 元，最高工资是最低工资的 3.65 倍，可见,不同行业之间收入差距较大。

(三)城乡内部居民收入差距大

表6-2是城镇居民按收入五等份分组的人均可支配收入。如表6-2所示,我国城镇内部居民收入差距较大。2013年,城镇居民高收入户组人均可支配收入为57762.1元,低收入户组为9895.9元,两者相差47866.2元,相差4.84倍。2016年,城镇居民高收入户组人均可支配收入为70347.8元,低收入户组人均可支配收入为13004.1元,两者相差57343.7元,相差4.41倍,贫富两端收入的相对差距在缩小。进一步,考察人均可支配收入的变异系数,2013年为0.58、2014年为0.56、2015年为0.54、2016年为0.55,总体上看,城镇居民内部人均可支配收入差距略有缩小。

表6-2　城镇居民按收入分组的人均可支配收入

(单位:元)

年份 组别	2013	2014	2015	2016
低收入户(20%)	9895.9	11219.3	12230.9	13004.1
中等偏下户(20%)	17628.1	19650.5	21446.2	23054.9
中等收入户(20%)	24172.9	26650.6	29105.2	31521.8
中等偏上户(20%)	32613.8	35631.2	38572.4	41805.6
高收入户(20%)	57762.1	61615.0	65082.2	70347.8

表6-3是农村居民按收入五等份分组的人均可支配收入。相比城镇,农村居民内部人均可支配收入差距更大。2013年,高收入户组为21323.7元,低收入户组人均可支配收入为2877.9元,两者相差18445.8元,相差6.41倍。2016年,高收入户组为

28448 元,农村居民低收入户组人均可支配收入为 3006.5 元,两者相差 25441.5 元,相差 8.46 倍,贫富两极收入的绝对差距和相对差距均在扩大。进一步考察变异系数,2013 年变异系数为 0.63、2014 年为 0.64、2015 年为 0.64、2016 年为 0.66,总体而言,农村居民人均可支配收入差距有拉大趋势。

表6-3　农村居民按收入分组的人均可支配收入

（单位:元）

年份 组别	2013	2014	2015	2016
低收入户(20%)	2877.9	2768.1	3085.6	3006.5
中等偏下户(20%)	5965.6	6604.4	7220.9	7827.7
中等收入户(20%)	8438.3	9503.9	10310.6	11159.1
中等偏上户(20%)	11816.0	13449.2	14537.3	15727.4
高收入户(20%)	21323.7	23947.4	26013.9	28448.0

（四）城乡收入差距的区域差异较大

如表6-4所示,按东部、中部、西部和东北四大区域划分,2013 年,我国东部地区城镇居民可支配收入最高,达 31152.4 元,其次为东北地区和中部地区,西部地区城镇居民可支配收入最低,仅为 22362.8 元,最高收入与最低收入相差 8789.6 元,相差 0.39 倍。2016 年,我国收入分布的空间格局总体不变,东部地区城镇居民可支配收入仍然是四大区域中最高的,为 39651.0 元,其次仍然为东北地区和中部地区,西部地区收入最低,为 28609.7 元,最高收入与最低收入相差 11041.3 元,相差 0.39 倍,区域之间的收入相对差距基本不变。从变异系数看,东部、中部、西部及东北的城镇居民收入差距相对较小,2013 年为 0.15、2014 年为 0.14、2015

和 2016 年均为 0.15,城镇居民收入增长速度基本相同。

表 6-4　按东部、中部、西部及东北地区分组的城镇居民人均可支配收入

(单位:元)

年份　　　组别	2013	2014	2015	2016
东部地区	31152.4	33905.4	36691.3	39651.0
中部地区	22664.7	24733.3	26809.6	28879.3
西部地区	22362.8	24390.6	26473.1	28609.7
东北地区	23507.2	25578.9	27399.6	29045.1

表 6-5 是按东部、中部、西部及东北地区分组的城镇居民人均可支配收入分布状况。2013 年,东部地区农村居民人均可支配收入最高,为 11856.8 元,其次为东北地区和中部地区,西部地区最小,仅为 7436.6 元,最高与最低收入相差 4420.2 元,相差 0.59 倍。2016 年,收入分布的空间格局仍然保持总体不变。东部地区农村居民可支配收入仍然最高,为 15498.3 元,其次为东北地区和中部地区,西部地区最小,仅为 9918.4 元,最高与最低收入相差 5579.9 元,相差 0.56 倍,区域间的绝对收入差距在扩大。从变异系数看,2013 年,四大区变异系数分别为 0.17,2016 年为 0.16,区域的相对收入差距略有缩小趋势。

表 6-5　按东部、中部、西部及东北地区分组的农村居民人均可支配收入

(单位:元)

年份　　　组别	2013	2014	2015	2016
东部地区	11856.8	13144.6	14297.4	15498.3
中部地区	8983.2	10011.1	10919.0	11794.3
西部地区	7436.6	8295.0	9093.4	9918.4
东北地区	9761.5	10802.1	11490.1	12274.6

二、城乡户籍制度与其他指标的相关性分析

如前所述,中国劳动力市场中存在的户籍制度是一种制度性分割,其形成原因来自特定的经济社会背景下,国家为实现特殊的政治经济目的而采取的人为措施。该制度是造成我国城乡居民经济社会差距的重要原因,其执行导致我国城乡之间出现了两个相互对立的利益集团,其中受益的一方是城市居民,他们受到工资优待、就业保障并获得较为完善的社会福利待遇,受损的一方则为农民工,他们与城镇职工之间存在长期的工资收入差距。为研究这种户籍制度与其他指标的相关性,本书采用中国居民家庭收入调查数据(CHIP-2013),对中国城镇职工和农民工工资收入差异的歧视程度进行实证分析。CHIP 是全国家庭住户收入调查的权威数据之一,其问卷由国内外相关领域专家合作设计,历次 CHIP 调查都得到国家统计局支持,其调查数据由北京师范大学收入分配研究院执行管理。目前,CHIPs 共公布了 1988 年、1995 年、2002 年、2007 年和 2013 年 5 轮调查数据。从 2002 年 CHIP 开始增加流动人口数据调查。该调查的特点是数据内容丰富,不仅包含被调查者所在地区、年龄、性别、婚否、民族、教育水平等个人基本信息,还包括工资收入、工作时间、工作类型、社会保障等经济社会信息状况,以及其所在的职业行业等工作信息,在留取 16—60 岁、工资收入大于 0,并删除信息不全或明显错误样本后,对数据进行进一步整理,本书最终使用样本数据 224 个。

（一）户籍制度与人均收入

1. 总体收入水平

采用 2013 年的 CHIP 数据中城市常住人口调查数据可知,全国城乡居民人均小时工资为 7.4 元,标准差为 4.47,样本平均年龄 34.01 岁,标准差为 11.6,其中男性所占比重为 53.13%,女性比重为 46.87%,已婚人数所占比重为 65.18%,受教育平均年限为 16.37 年。分户口看,城市居民人均小时工资为 7.97 元,农民工工资为 6.5 元,城市内部由于户籍身份导致的工资歧视现象显著。

2. 分地区人均收入水平

按区域划分,我国东部、中部、西部工资收入存在明显差距,小时工资表现为:东部地区>中部地区>西部地区。从年龄看,东部地区劳动者平均年龄最大,高工资现象也吸引了大量大龄劳动力流入,西部地区劳动者平均年龄最小,仅 29.15 岁,可能与西部地区人口稀疏和守土观念重有关。从性别结构看,东部地区吸引了大部分男性劳动者,且大部分为已婚,由于城市相对收入仍高于农村,家庭的压力让劳动者选择忍受城乡户籍制度带来的不公而留在城市。

表 6-6　分地区人口调查指标

调查指标	东　部		中　部		西　部	
	均值或百分比	标准差	均值或百分比	标准差	均值或百分比	标准差
小时工资	7.63	4.91	7.48	5.04	7.00	4.25
年龄	35.31	11.77	34.75	11.66	29.15	8.82
男性	61	—	31	—	24	—
已婚	80	—	37	—	24	—
受教育年限	16.37	—	16.24	—	16.23	—

（二）就业指标与户籍的相关性分析

本书采用 logit 模型进行分析，该模型克服了线性概率模型取值范围的弱点，其基本表达式为：

$$P(Y=1\mid X) = \frac{1}{1+\exp[-(\beta_0+\beta_1 X_1+\cdots+\beta_k X_k)]} = \frac{\exp(\beta_0+\beta_1 X_1+\cdots+\beta_k X_k)}{1+_0+\beta_1 X_1+\cdots+\beta_k X_k}$$

$$(6-1)$$

记 $P(Y_i=1\mid X_i)$ 为 P_i，假定只有一个自变量，则 $P_i =$

$$\frac{1}{1+e^{-(\beta_0+\beta_1 X_1)}}$$

$$(6-2)$$

则事件发生的概率为：

$$P_i = \frac{e^{(\beta_0+\beta_1 X_1)}}{1+e^{(\beta_0+\beta_1 X_1)}}$$

$$(6-3)$$

事件不发生的概率为：

$$1-P_i = \frac{1}{1+e^{(\beta_0+\beta_1 X_1)}}$$

$$(6-4)$$

由此，$\dfrac{P_i}{1-P_i} = e^{(\beta_0+\beta_1 X_1)}$

$$(6-5)$$

即 $\ln\left(\dfrac{P_i}{1-P_i}\right) = \beta_0+\beta_1 X_1$

$$(6-6)$$

$$\ln\left(\frac{P_i}{1-P_i}\right) = \beta_0+\beta_1 X_1$$

令 $odds = \dfrac{事件发生概率}{事件不发生概率}$，即发生比率。则回归系数 β_1 表示在其他因素不变的情况下，相应自变量每增加 1 个单位，发生比变化的幅度与方向，即发生比率。

本书采用 logit 模型对就业指标与户籍制度的相关性进行分析。

1. 小时工资与户籍制度的相关性

表 7-7 表明小时工资与户籍制度 logit 模型的参数估计,模型可表述为:

$$\ln\left(\frac{P_i}{1 - P_i}\right) = 1.9555 + 0.0229 X_1 \qquad (6-7)$$

即 $\dfrac{odds_{x_1+1}}{odds} e^{0.0229}$ $\qquad (6-8)$

因此,当小时工资上升 1 单位,发生比率为 1.023,小时工资上升,该居民户籍制度为城市户口的发生比上升,变化率为2.3%。这也表明,与劳动力市场分割理论相适应,经济发展模式中有优先改善城镇职工就业结构的倾向,企业通常优先将"好工作"分配给平均人力资本水平更高的城镇职工。外来农民工由于其社会资本劣势明显,难以在复杂的社会关系网络中觅得"好工作"。

表 6-7　小时工资与户籍制度的最大似然估计

最大似然估计分析					
参数	自由度	估计	标准误差	Wald 卡方	Pr>卡方
Intercept	1	1.9555	0.4072	23.0575	<.0001
小时工资	1	0.0229	0.0492	0.2162	0.6420

2. 地域差异与户籍制度

考虑地域差异,如表 6-8 所示,东部地区小时工资上升 1 单位,发生比率为 1.098,当工资上升时,该居民为城市户口的发生比变化率为 9.4%。中部地区小时工资上升 1 单位,发生比率为

2. 608,工资上升时,该居民为城市户口的发生比变化率为 95. 8%。西部地区小时工资上升 1 单位,发生比率为 1. 021,工资上升时,该居民为城市户口的发生比变化率为 2. 1%。由此可知,东部地区小时工资差异相比中部地区小。表明在东部地区,较高的城乡一体化水平与城乡差距缩小之间形成了较好的良性循环。相比较,中部地区新型城镇化水平较低,城乡居民收入差距明显,城市户口歧视也更加明显。西部地区由于居民收入水平普遍较低,城乡户籍居民小时工资的绝对差距也最小。

表 6-8　考虑地域差异的 logit 模型参数估计

最大似然估计分析					
参数	自由度	估计	标准误差	Wald 卡方	Pr>卡方
Intercept	1	1. 7393	0. 5246	10. 9945	0. 0009
小时工资	1	0. 0209	0. 0494	0. 1790	0. 6722
东部地区	1	0. 0944	0. 4964	0. 0362	0. 8492
中部地区	1	0. 9584	0. 7197	1. 7733	0. 1830
西部地区	0	0	—	—	—

第七章　新型城镇化下城乡户籍制度同步
改革的系统设计及制度保障

第一节　新型城镇化下城乡户籍制度
同步改革的系统设计

当前,学者从社会学、经济学、人口学等学科领域深入探讨了农村剩余劳动力转移的基本理论与方法,其中户籍制度既是我国新型城镇化全面建成小康社会需要解决的重大问题,也是我国农村剩余劳动力转移的一大障碍。2015 年第 663 号国务院令公布《居住证暂行条例》,在全国范围内凡设区的城市建立居住证制度,以居住证为载体,条件性地对流动人口赋予公共服务和权利,这意味着我国长期作为城乡分割标志的旧户籍制度宣告结束,以城乡居民权利均等化、公共服务均等为目标的新户籍制度开始实施,但这一户籍制度改革会对劳动力市场或城乡一体化产生哪些影响,农村剩余劳动力将如何抉择,农村流动劳动力的工资、社保等又会发生哪些变化等问题急需解决,由于这些问题的复杂性,本书以决策支持系统理论为依据,构建一个"中国城乡户籍制度改革查询模拟系统"。

一、系统分析

系统分析的主要目的采用系统方法,是从系统的角度出发,对全国户籍制度改革的内涵进行分析和综合,采用数量评估的方法找出户籍改革可行的方案,为系统设计提供依据。系统分析主要包括需求分析和可行性分析两部分。

(一)需求分析

决定系统成败的因子有很多,如设计问题、技术问题、时间管理问题、技术人员问题等,但归根结底更多的还是需求问题和可行性论证问题。需求分析既是严谨的逻辑分析和严密思维的产物,也是一门艺术,前期需求分析的好坏直接决定软件成败。其难点在于用户提出的原始需求往往没有考虑技术实现,是基于非计算机管理操作模式提出来的,因而很多需求比较理想而不切实际,那种"有条件要上,没有条件创造条件也要上"的行事方式将可能导致不可控的结果。因此,开发人员必须基于技术实现,以科学合理的方式引导客户的需求,对软件进行充分的需求论证。

1.功能性需求

(1)用例描述

用例分析从整体角度对整个系统开展人机交互分析,同时开展子系统与子系统之间,子系统与用户之间的相关关联分析。本系统的功能主要包括数据查询、数据处理和数据可视化等功能。对数据查询,系统可以图表等形式表达不同省份历史时期的社会经济人口

数据。对于数据处理，系统采用模型库的模型，通过参数输入、生产函数设定、效用函数设定、人口函数及能源结构等参数的设定，动态反映经济稳定增长情景下的中国户籍制度变化对就业水平、工资水平、社保水平、经济社会发展等指标变化的影响，并根据需要设定不同的参数，模拟不同情景，开展不同情景的比较分析，为政府相关人员提供决策参考。对于数据可视化，主要包括一般图表表示和空间可视化表示，前者以折线图或二维表来反映模型处理结果或情景比较结果，后者通过 GIS 技术，对模型数据进行空间可视化处理，通过专题地图等形式反映数据的空间分布规律及转移动态。

（2）用户类型

本系统的用户主要包括两类：一是户籍制度改革领域专业管理人员，他们既是未来软件的实际使用者，也是真正了解本软件业务需求的领域专家。本系统的作用是辅助决策，即为相关管理部门了解中国户籍制度改革相关社会经济指标及统计信息的特点及规律，为其客观科学的决策提供依据。二是相关学科科研人员，以本系统作为科研工具，以便对中国户籍人口信息和社会经济统计信息进行系统综合分析及情景模拟，以发现中国户籍制度及相关指标变化的规律，特别是空间集聚可扩散规律。

（3）用例分析

如图 7-1 所示，从面向对象软件设计角度看，软件系统实际上就是现实世界的抽象模型，现实世界的每一个物体在软件世界中都有一个对象，现实世界中的每一项职能均对应着软件世界中的一种属性，现实世界中的每一种行为均对应着软件世界中的一个函数，这是面向对象编程的核心思想，而用例分析则是从现实需求到抽象设计之间的桥梁，在用例模型到分析模型的过程中，用例分析首先将系统的行为分配给分析类,然后让分析类在交互中完成系统的行为。对用例分析越深入,则软件系统功能越完善。

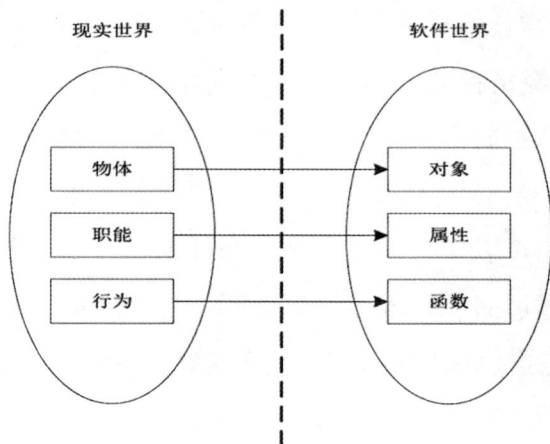

图 7-1　从现实世界到软件世界的抽象

　　用例分析一般采用用例图来进行表达,用例图包括三大元素,即参与者(Actor)、用例(Use Case)和系统边界(Boundary)。在本书的用例图中,椭圆表示系统功能,小人表示系统参与者,方框表示边界,但由于系统边界只是一个概念,因而本书并未真正绘制出来,系统的主要功能如图 7-2 所示。

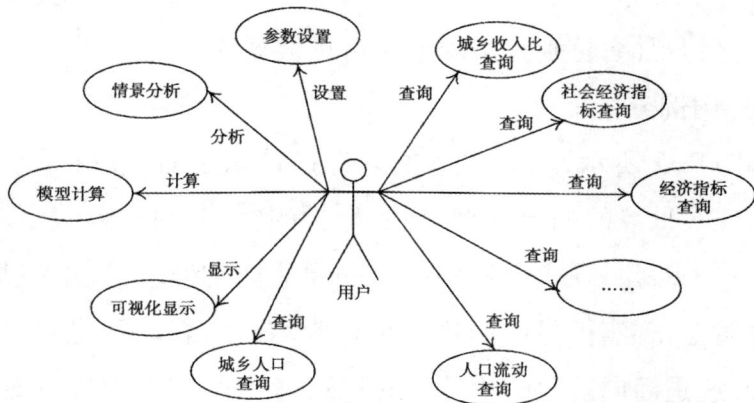

图 7-2　系统功能

系统行动如图 7-3 所示,事件流为:(1)系统启动时,显示系统界面,用户选择进入系统。(2)若用户进入中国城乡户籍制度改革查询模拟系统,则可开展数据查询或模拟计算功能,其中查询包括普通图表查询(柱状图查询,二维表查询)和空间可视化查询(专题地图查询),并能针对不同区域的相关指标进行比较查询。(3)若用户继续选择对模型进行计算,则可通过改变模型外生参数模拟不同情景下的相关指标变动与户籍制度的相关影响,如户籍制度改革对社会中人口流动、经济增长速度等指标的影响,计算结果存入数据库,并通过数据库更新,为下一次查询提供数据支持。(4)用户可选择不同的情景模拟,通过参数设定,选择不同产业结构变化三种户籍情景的影响。(5)查询或模拟结束,用户可选择退出系统。

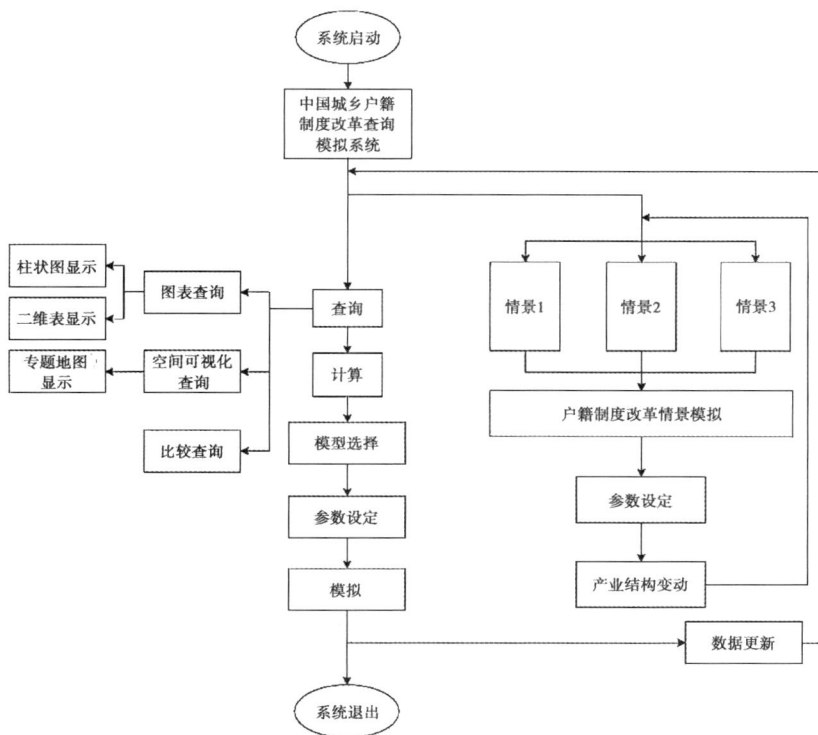

图 7-3　系统行动

2. 非功能性需求

非功能性需求主要解决系统的高效性问题，这部分需要在软件设计中十分重要但又容易忽略。非功能性需求简称"URPS+"，即可用性（Usability）、可靠性（Reliability）、性能（Performance）、可支持性（Supportability）（+），本系统需求重点讨论可用性、可靠性和可支持性。

（1）可用性。泛指能让普通用户快速简捷使用系统的一系列指标，如易用性（包括易操作性、易理解性）、准确性、安全性（包括权限体系、访问限制）、兼容性（包括服务器兼容性、客户端兼容度）等指标。本系统在可用性设计上尽量将模型复杂机理内置，通过外生参数的改变模型设定，由于需要使用混合编程，系统设计还需保证软件接口和版本的兼容性。在易用性方面，系统前期暂不设置访问权限，并对各子系统用户操作界面进行统一设计，设置统一操作风格，对用户操作过程给予必要的提示，使用户能迅速掌握系统使用方法。

（2）可靠性。指系统运行的稳定性，包括系统的成熟度、数据容错度和系统易恢复性等指标。对此，本系统选择成熟的开发语言 C#，矩阵运算软件 Matlab，NET 开发平台和 SQL Server 等混合编程，对系统开发过程中可能出现的误操作或逻辑错误进行预判，并尽量予以排除。

（3）可支持性。指系统的可支持性和易变更性。可支持性对用户而言是透明的，客户通常并不关心。但在设计上，本系统必须充分考虑日后的升级和维护，即考虑系统是否能有效识别模型可变的需求，并提供合理的解决方案。本系统在设计中采用面向对象设计方法，按照功能不同划分为不同模块，各模块之间采用松耦合设计,块之间具有较大的独立性,为系统日后的升级和扩展提供了接口和可能性。如果在后期开发中,需要用更精确的模块替代本系统中的某个模块,或者在原系统基础上添加某个模块并不会破坏系统原有的架构,从而在保证系统开发稳定性的基础上实现一致性开发。

(二)可行性分析

可行性分析是指在对用户需求进行充分分析的基础上,从社会、技术和经济制度等方面对系统建立的必要性和实现系统目标的可能性进行分析。在本系统研究中,重点考虑系统的技术可行性和社会可行性两大指标。

1. 技术可行性

本系统在硬件具备坚实基础。依托于中共湖南省委党校决策咨询部,有高性能计算系统,可以进行大型模型计算,同时拥有合法的 Matlab、Visual Studio、Arcgis Engine 等系统开发软件,能够为本系统提供强有力的技术支撑。

2. 社会可行性

当前我国的户籍制度中劳动力市场城乡分割的原有基础已经消除。部分城市的城乡劳动者之间的户籍差异从制度上已经消失,农村转移到城镇就业的劳动者以及其他流动人口将与城市居民同样享受同等的身份待遇,遵循同样的规则制度。但同时,受制度惯性的影响,国务院关于户籍制度改革的"意见"或者"条例"并不能马上发挥作用,消除已存在半个多世纪的城乡劳动者权利不平等仍需较长一段时间。现有关于城乡户籍制度的定量研究一般集中在二元户籍制度对劳动力市场影响方面,大多是描述性分析,简单的统计分析,对劳动力市场城乡整合作用的理论分析和实证研究还较少。随着现代计算技术的发展,本书采用计算辅助决策,讨论不同情景下政策调整带来的经济影响等问题。

目前大量的户籍模型均为单一模型,仅解决某一方面的问题,而无法涉及全面性,且同一数据在不同模型下可能产生不同结果,导致情景改变时需要花费大量的时间调整,降低了模型效率。当问题复杂时,模型如何扩展;各模型之间如何实现数据共享;不同模型的结果如何统一比较;模型参数变化对经济系统的敏感性如何等问题变得越来越突出,其复杂性也急剧上升。基于此,本系统为以上问题提出了解决框架,将大大节约成本,提高用户决策效率,带来巨大的社会效益。

总之,经过本书组的深入研究及论证,在技术可行性基础上,采用数据挖掘、动态系统模拟等方法,开发出一个基于 GIS 的中国城乡户籍制度改革查询模拟系统,以此分析和评估不同情景下中国各区域的户籍制度变化对产业进化、人口经济等社会经济指标的影响,在社会上是可行也是必要的。

二、总体设计

决策支持系统(Decision Support System, DSS)的主要思想是,从数据库中找出必要的数据,并利用数学模型的功能,为用户决策产生所需信息。其具有交互式计算机系统的特征,能通过数据和模型的分析帮助决策者解决半结构化问题。由于本系统以管理科学、运筹学、控制论和行为科学为基础,需运用不同数学模型来求解相应约束条件下的最优问题及情景模拟问题,因此,系统采用典型实用决策支持系统的四库 DSS 逻辑结构,即数据库、模型库、规则库、知识库结构。

（一）设计目标

本系统的近期目标为：（1）对中国分省户籍数据、经济社会数据进行整理和规范化。（2）建立中国分省户籍数据管理的共享数据库。（3）基于数据库，建立相关专业分析模型。（4）对不同情景下的中国户籍政策及数据进行快速模拟和评价。（5）考虑系统的可扩展性，采用模块化结构设计，模块之间具有松耦合关系，使系统易于修改、扩充和完善。

系统的中远期目标为：（1）完善现有系统的基础数据训、模型库、方法库和数据库。（2）以软件工程思想为指导，完善现有系统架构，厘清各计算模块之间的关系，并提供接口，以松耦合方式与其他课题任务对接。（3）扩展现有系统，对系统新增模块进行集成、测试和完善，形成模块之间高度协调化，信息分析智能化的系统。

（二）功能体系结构

如图 7-4 所示，基于系统需求分析和总体设计的要求，可将本系统功能划分为三个模块，分别为数据库接口模块、可视化与空间分析模块和模型管理模块。数据库接口模块主要功能为：基础数据浏览与检索、相关指标体系数据的计算与获取、对相关模型计算结果进行存储和更新；可视化与空间分析模块以 GIS 技术为依托，主要功能为：相关数据的空间可视化表达、空间查询、空间统计与分析、空间分布特征分析等。模型管理模块是系统核心，其主要功能包括模型的构建、参数管理、模型运算及模拟、模型扩展及外部接口设计等。

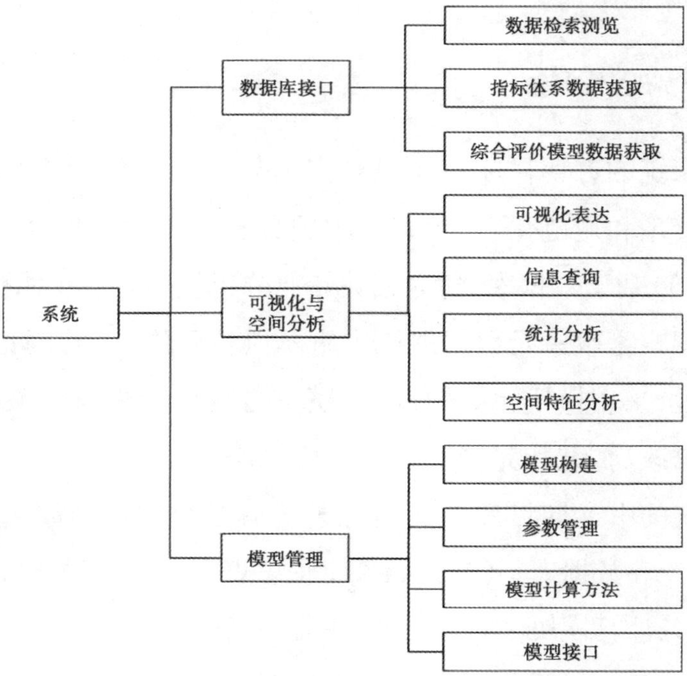

图7-4　系统功能模块

（三）数据体系结构

如图7-5所示,本系统的数据体系结构包括两类,第一类是空间数据,包括中国分省区行政边界空间数据库和其他空间数据库,其作用是提供地图服务。第二类是属性数据,包括户籍相关指标数据库和社会经济人口数据库,前者来源于问卷调查、研究团队的相关研究成果等,后者源于国家统计年鉴、政策报告、相关专家研究成果与学术研究文献等,另外,还一部分数据为外生数据,用于模型设置,来源于用户输入。属性数据既可以与空间数据相连接,用于空间数据分析,也可以直接访问,用于其他模型分析。两类数据在模型库作用下,通过数据分析、数据挖掘和处理,为用户提供决策所需的知识、综合信息和预测信息等,最终为用户决策提供参考。

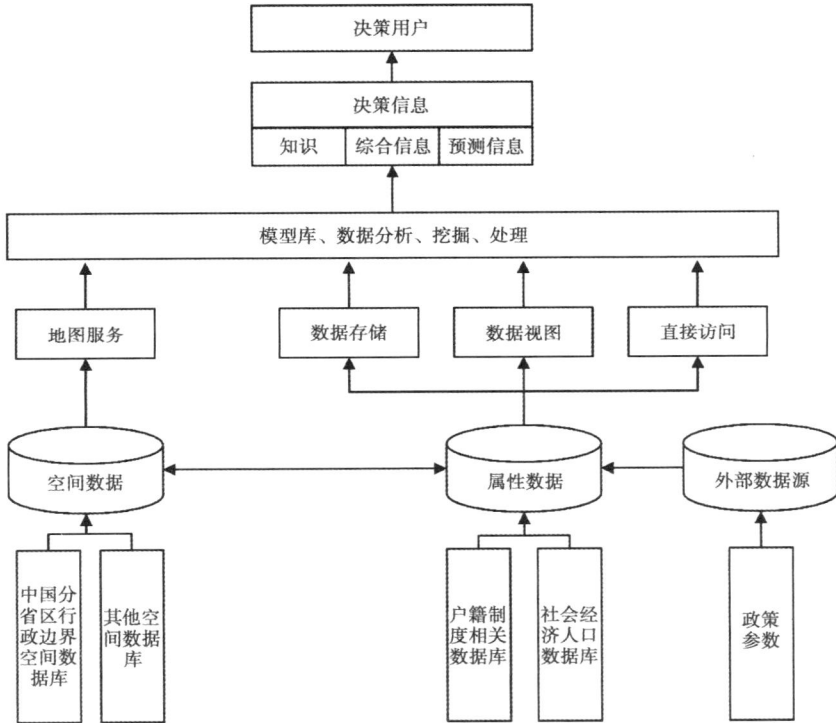

图 7-5　数据体系结构

(四)软件体系结构

本系统为标准的 DSS 四库结构,各库之间的关系如图 7-6 所示。各模型库通过数据管理系统进行通信,模型库提供决策所需模型,知识库提供决策规则,数据库提供数据支持,方法库提供求解方法,各库最终在人机交互系统界面上集成,使系统智能化、知识化,使其能迅速反映区域户籍变革指标及其对经济系统的影响、迅速模拟相关指标变动对模型的敏感性,提高决策效率。

用户（决策者）

问题综合与人机交互系统

模型库管理系统　　　数据库管理系统

知识库管理系统　　　方法库管理系统

模型库　　知识库　　数据库　　方法库

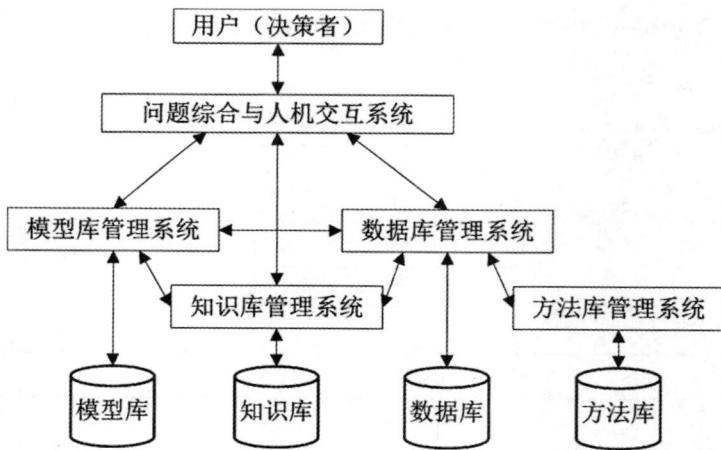

图 7-6　DSS 四库结构

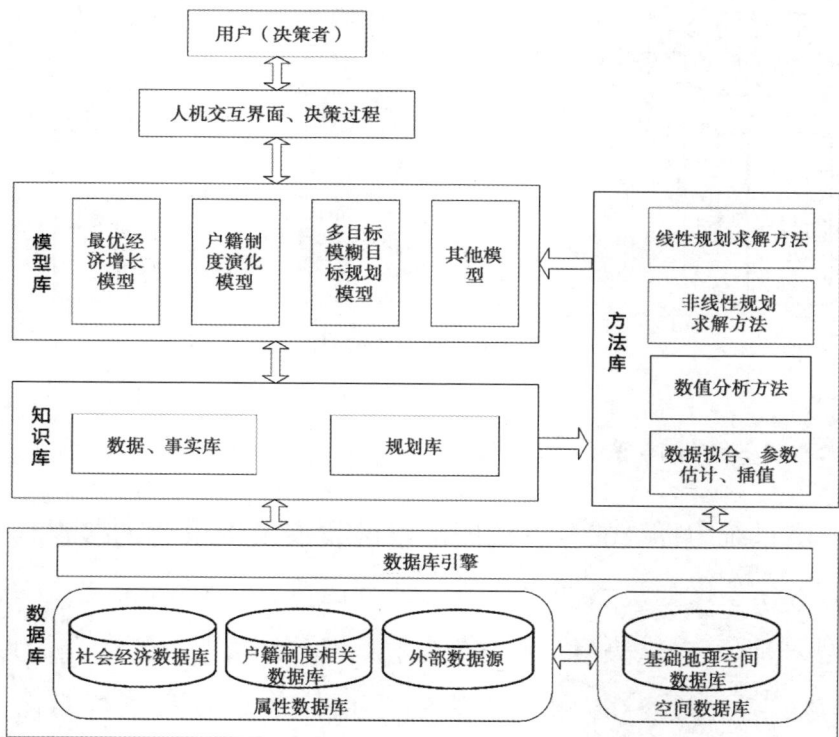

用户（决策者）

人机交互界面、决策过程

模型库

最优经济增长模型　户籍制度演化模型　多目标模糊目标规划模型　其他模型

方法库

线性规划求解方法

非线性规划求解方法

数值分析方法

数据拟合、参数估计、插值

知识库

数据、事实库　　规划库

数据库

数据库引擎

社会经济数据库　户籍制度相关数据库　外部数据源　基础地理空间数据库

属性数据库　　空间数据库

图 7-7　决策支持系统框架

图 7-7 为决策支持系统的总体框图,用户通过图形用户界面与计算机进行交互,模型库包括四个模型,分别解决区域最优经济增长问题、最优经济增长与户籍制度变化的内在机制问题、产业结构调整影响下的不同户籍变化情景模拟问题等。模型中使用的规则源自 DSS 中的知识库,而模型的求解方法、参数估计、拟合、插值等均源自 DSS 中的方法库,数据库作为模型的基础,通过数据库引擎与 DSS 中的知识库和方法库建立联系,并最终提供给模型库使用。

三、详细设计/功能设计

(一)人机交互界面设计

在软件设计中,界面设计需要同时考虑可适用性、灵活性、复杂性和可靠性等特征。人机交互界面是决策者用以获取各类信息的主要入口和交互界面,也是系统连接人与系统的中间纽带,其设计需要考虑系统与用户之间的交互关系。一方面,用户向系统提供信息并提出任务要求;另一方面,系统也会向用户反馈各种解决方案和辅助决策信息,或者为用户反馈完成任务所需要补充的信息。

20 世纪 70 年代,计算机图形学的发展及图形化的多窗口用户界面的出现为人机交互界面的开发提供了强有力的支持,基于 Windows 的程序设计为软件设计带来了重大变革。图形用户界面(Graphical User Interface,GUI)成为 PC 界内最重要的共识,它的出现大大降低了用户使用系统的难度。用户不再需要花费大量时间学习如何通过计算机掌握某个新程序,因而让用户与程序的互动变得更加紧密。本系统采用 Windows 界面,集菜单、工具栏、图形显示等可视区域于一体,各种参数及其他参数输入界面与其他软件使用习惯一致,使其贴近用户。此外,用户也可对可视区域进行设置和调整,使其适合用户需要,最终形成用户界面可操作性强、图形操作界面清晰的人机交互界面。

(二)数据库设计

如总体设计描述,本系统数据库包括空间数据和属性数据两类数据,辅助用户对数据进行分析、综合,其结果用于辅助决策。空间数据用于描述空间实体的几何位置及各实体间的空间关系,具有空间特征、专题特征和时间特征,其数据采用空间数据库存储。属性数据用于描述实体的社会经济人口、户籍状况等特征,采用二维表形式存储。

1. 空间数据

系统所需的空间数据主要为中国各省级行政区的边界数据及附加在行政区上的点、线、多边形等其他空间要素数据。空间数据库设计以图层形式存储,即将空间实体按其要素类别来划分图层,将点状、线状和多边形状实体分别存放于不同图层,其物理结构如图7-8所示。

在系统中,由于空间数据包括多个层次,因此空间数据的组织形式如图7-9所示,采用多要素叠加,基于该组织形式,空间数据分析包括两个层次,一是对同一时段不同指标之间的叠加,二是对同一地区不同时间序列数据间的叠加分析,用于反映区域的时间变化规律。

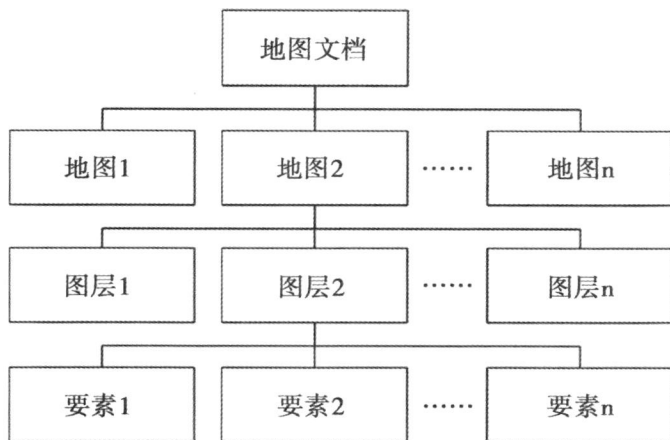

图 7-8　空间数据物理结构

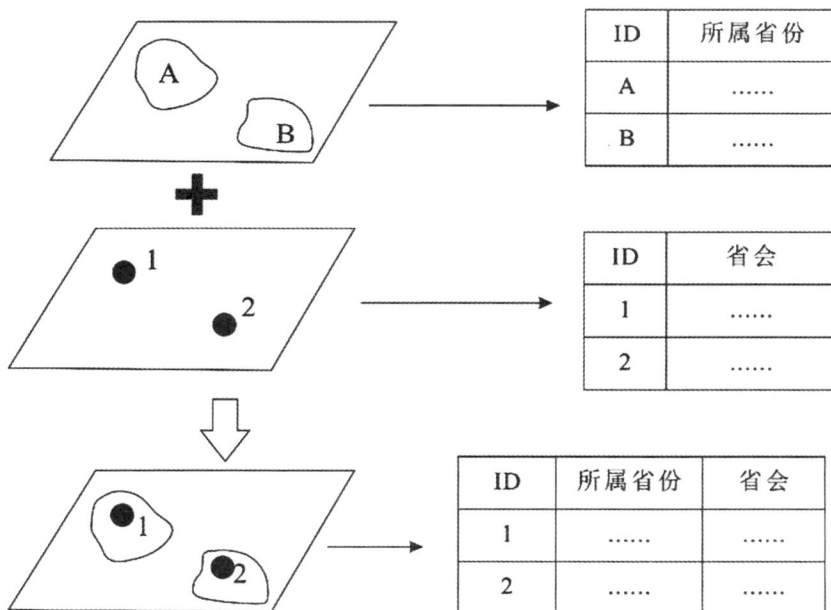

图 7-9　空间数据的组织形式

2. 属性数据

属性数据采用传统的 ER（Entity Relationship）方法，即实体—联系方法，用于描述和定义系统中的信息及其内在联系，其建模过程分为三步：(1)将实体及其属性转化为关系及其属性，每个实体均可转化为一个关系，实体与关系之间的联系用基本 ER 图表示，实体名为关系名，实体属性为关系属性，年份为关键字。(2)将不同实体之间的联系转化为关系，共包含三种关系，即 m ∶ n 联系，m ∶ 1 联系，1 ∶ 1 联系。(3)规范化关系模式，去掉 ER 图中可能存在的冗余关系，分析所得关系是否存在部分依赖、传递领带和多值依赖等，进行模式的规范化。

3. 数据连接

系统空间数据与属性数据连接如图 7-10 所示。由于数据格式不同，空间数据与属性数据采用分离组织存储方式存储，以增加系统数据处理的灵活性，减少计算机系统不必要的时间和空间开销。两者通过关键字建立双向联系，如图 7-10 所示，将属性数据规范到一个统一的空间数据平台，以便多要素、多时段数据综合分析。数据连接后，系统数据库包括两方面功能：一是空间数据和属性数据的空间管理功能，如数据表的新建、增加、删除、改动等。二是空间数据和属性数据的综合处理功能，包括数据展示、模型构建等。

（三）模型库设计

对本系统中的每个模型，模型库给出相应算法，并通过模型设定的控制参数对模型进行模拟运算。这一结构可抽象为图 7-11，决策变量 x 作为输入由用户通过一系列外部参数控制；外部变量

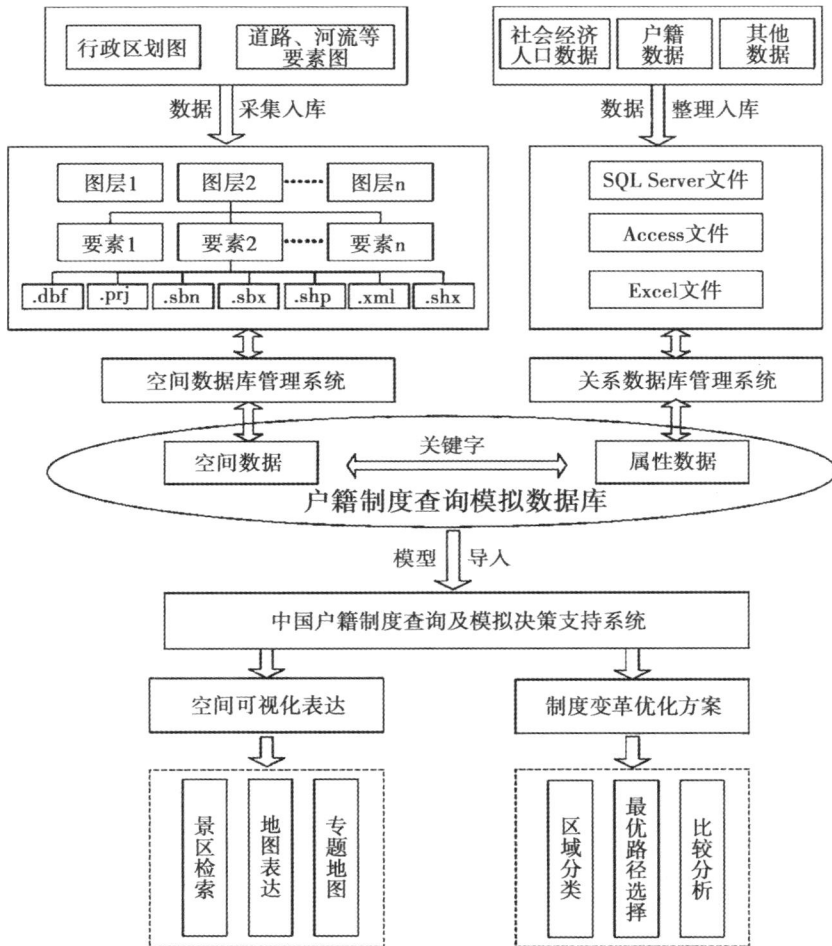

图 7-10　数据连接框架

y 作为输入由系统模型决定,来源于数据库或程序计算的中间结果;输出变量 Z 为模型评估结果,一方面可作为最终输出结果,另一方面也可提供反馈给用户,用于下一次模拟决策。

基于该模型结构的模型库设计,系统具备三大优势:(1)可增强系统的可操作性,如仅需通过简单操作,改变决策变量或环境变量的值,就可对决策问题进行多情景模拟。(2)可提高系统模拟效率,在日常需要花费大量时间操作的模型在计算机统一模型结构下可快速求解,大大简化建模和求解过程,提高决策效率。(3)可提供知识积累,由于模型库具有可扩展性,因此,对于模型库不仅可以支持典型问题模型和标准求解算法,也可定制特定问题和算法,将各种模型不断集成到模型库中,可构成一个不断演进和知识累积的过程。

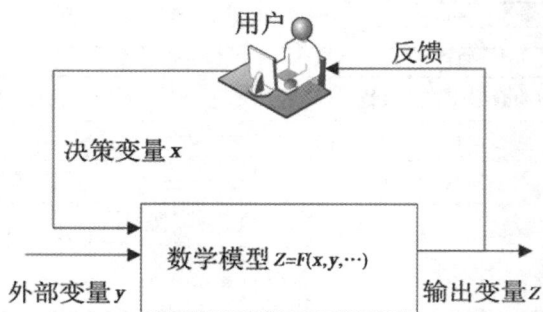

图7-11 决策支持的数学模型结构

四、中国城乡户籍制度同步改革查询模拟系统成果

(一)系统界面

如图 7-12 所示,系统为初级版,点击进入系统,可进入分省查询和图表查询子系统。各子系统主界面集成常见功能,可直接进行数据查询、模型计算和数据显示、GIS 显示等常规操作。此外,各子系统采用统一风格设计,降低人机交互响应时间,方便用户操作。

(二)数据库

如图 7-13 所示,数据主要存储于 SQL 服务器上,数据库

图 7-12 系统界面

包括中国各区域的社会、经济、人口等数据,用于数据查询和模型库模型模拟。此外,根据用户需求不同,系统提供了多种数据库访问方式,并采用 C#语言编写程序实现数据库之间进行通信。

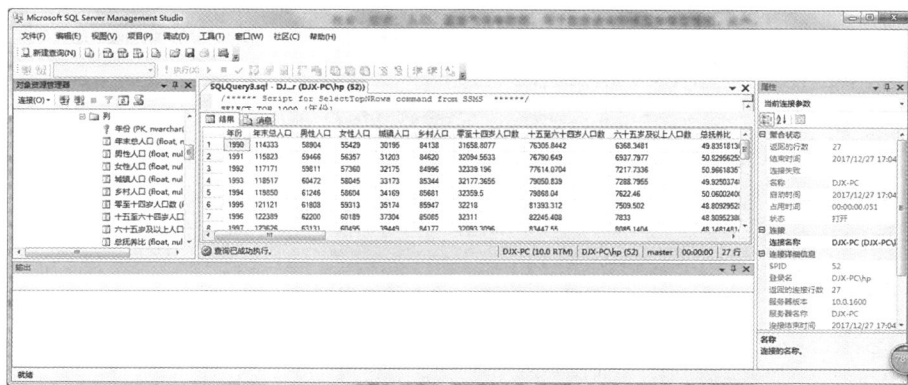

图 7-13 系统数据

（三）参数设置

模拟模型不同，将可变外生参数独立出来，用于模型模拟和敏感性分析，参数设置包括各区域的效用函数设置、生产函数设置、产业结构设置等指标，系统同时提供默认参数供用户参考，以降低非专业用户设置参数的难度。

（四）模型图表显示

如图 7-14 所示，模型模拟结果可以根据需要通过二维表柱状图显示，二维表可通过普通表显示，也可通过树状结构显示，柱状图可以比较 30 个省份在同一时间截面上的各项指标，也可反映单一省份的某个指标在时间序列上的变化规律。

图 7-14　模型结果图表显示

（五）政策模拟与方案比较

如图 7-15 所示，系统可将模型参数调整前后的模拟结果进行保存并进行比较,如系统可以根据需要,选择某几项指标进行对比分析。

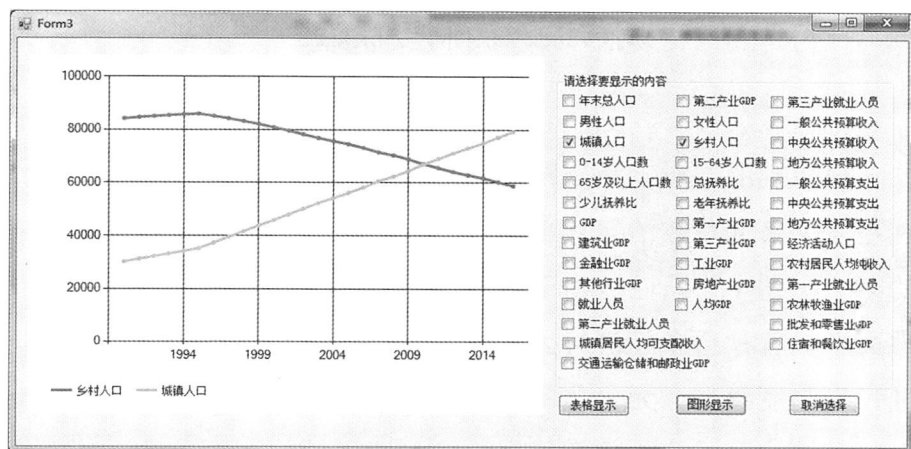

图 7-15 政策模拟与方案比较

(六)GIS 专题地图显示

为探讨模型结果的空间分布规律,系统引入 GIS 技术,将结果以专题地图形式反映出来,系统可采用柱状图、分级图等对某项指标进行空间比较。分级图的基本步骤为:(1)新建 ClassBreaksRender;(2)定义分级字段和分级数(采用 ClassBreaksRender 接口的 Field 和 BreakCount 属性);(3)定义每一级的字段值上限 Break(i),第一级的字段值范围是 0—Break(0);第二级字段值范围为 Break(0)—Break(1);其余类推;(4)定义每个等级的符号 Symbol(i);(5)将新建的 ClassBreaksRender 对象赋予图层的 Renderer 属性;(6)视图刷新;(7)图例刷新。同时用户也可对图层进行放大、缩小、平移等操作。

第二节　新型城镇化过程中城乡户籍制度
同步改革的制度保障

户籍制度本质上是一种利益分配机制,其决定了经济主体的利益分配格局及政治权利关系,牵涉当前经济社会基本公民权利的赋予问题。户籍制度由于具有身份识别和权益配置两大功能,因而影响着社会中经济行为主体的经济权益和政治权益。由于我国户籍制度存在二元分化问题,由此衍出一系列社会问题,推动城乡二元结构一元化是破解城乡户籍制度困境的重要条件。基于新型城镇化下城乡户籍制度同步改革的系统设计,推进城乡户籍制度同步改革的制度保障思路主要体现在三点:一是推进公共服务均等化,让农民工享受与城市市民同等的待遇。二是推进土地流转制度改革,建立稳定、清晰的农村土地产权制度,消除农业转移人口市民化的后顾之忧。三是完善社会保障制度,建立城乡统一的社会养老、医疗、失业、救济和救助保障制度,从根本上解决农村进城务工人员的基本社会保障问题。

一、推进城乡公共服务均等化

(一)建立全国统一的户籍管理法

户籍立法是我国户籍制度改革的必然选择。在依法治国思想的指导下,改革依附在户籍之上的各种权利和义务,是破解城乡差距的基础。从根源上看,现行户籍制度改革涉及两个关键问题:公民能否自由迁徙的权利,公民能否享有身份平等的权利。然而,现行我国的法律体系及相关制度还没有对这两大问题进行明确的阐述,保护自由迁徙或自主选择居住地的权利还有待落实。与此同时,《户口登记条件》中的相关条款已经越来越脱离当前的经济社会形势,迫切需要制定一部内容科学、体系完备的法律制度,并将户籍制度改革纳入法律框架。

一是适时修改与完善各类具体社会制度及行政法规,特别是适时调整与完善社会保障法和义务教育法,保障社会上的全体公民均享有平等的社会保障和义务教育的权利。

二是调整《中华人民共和国户籍登记条例》中关于限制人口自由迁移的条款,使居民享有自由迁徙的权利,进一步完善《中华人民共和国户籍法》,加强人口管理,明确户口申报人员和户籍登记管理机关的权与责。

三是增加关于公民迁徙、居住、择业等行为的条款。规定全体居民均享有户口、出生、权利、身份、地位和机会等方面的平等权利,规定公民享有平等就业的权利,政府部门的任职资格向所有公民开放,不得以任何方式歧视任何公民。制定《中华人民共和国公民平等权利保障法》,严惩一切非法侵犯公民平等权利的行为,清理一切与公民自由迁移和平等权利相抵触的法律法规,以及相关的财税、土地等政策,为新型户籍制度的良性运行提供强有力的保障。

(二)构建城乡平等的劳动者就业制度体系

我国农民工在城市就业方面长期面临着诸多歧视性政策,这种政策下隐藏的社会矛盾受经济环境和人口红利的影响,在很长一段时间并没有爆发出来。但近年来,随着经济形势的改变和人口红利逐渐消失,新生代已成为农民工的主体,其就业期望与就业质量间的矛盾开始日益突出。一方面,他们已经缺乏了务农的基本技能,享受城市便利的生活条件,希望在城市工作。另一方面,受城市文化的熏陶,他们不再是保守的消费者和艰苦工作的承受者,更多的花费需要他们找到更体面的工作并赚更多的工资,因此他们开始对工作更加挑剔。这也造成了企业当前所面临的"招工难"和农民工"就业难"的困境。对此,新常态下,必须尽快构建城乡平等就业制度体系,创造更加公平的城乡就业环境,让更多的农民工享受城市发展带来的福利。

一是建立统一的城乡人力资源市场。按照劳动者自主择业、市场调节就业和政府促进就业的基本方针,鼓励"大众创业,万众创新",努力改善劳动就业和自主创业环境和制度环境。构建覆盖城乡的就业服务体系,打造功能完善、平等竞争、城乡统一的劳动力市场,完善城乡劳动力失业登记制度,建立城乡劳动力就业预备制度。完善乡镇劳动保障机构的职能,为农民工提供职业介绍、技能培训及劳务输出等相关服务。取消农民进城就业的限制性或歧视性政策,建立农民工资支付监控管理制度,保障农民工的合法权益。优化农民工创业环境,建立自主创业推动机制,为农村剩余劳动力转移提供更多就业机会和条件。

二是努力提升农村转移劳动力的综合素质。我国农村剩余劳动力中有很大一部分来自偏远贫困地区,受限于当地的发展条件,其综合素质相对较低,在城市中的就业竞争力也较弱。对此,政府相关部门应加强对农村剩余劳动力的培训和引导工作,有针对性地提高他们的就业技能和整体素质,增强其竞争力。坚持从农村干部、存量农民、增量农民三个层面进行文化、科技、法律、管理、职业技能、诚信意识等方面的培训。鼓励有条件的地方大力发展劳动密集型产业，推动农民在当地就业，引导农民自主创业，加强劳务输出的指导。

三是建立和完善跨区域的劳务合作机制和劳动者权益保护机制。一方面，各级政府加强合作，建立有效的协商机制，共同加大劳动执法监察力度，维护劳动者的合法权益和劳动力市场秩序，重点解决农民工劳动合同签约率低、劳动权利不落实、社会保障待遇落实不到位等问题。另一方面，政府也要规范对进城务工农民的全员管理，监督用人单位录用城乡劳动者签订劳动合同、办理社会保险、持证上岗、同工同酬，清理和查处各种针对农民工的不合理收费，推进费改税，切实维护好农村转移劳动力的合法权益。

（三）协调相关主体解决户籍制度改革的成本分担问题

户籍制度往往意味着分配权益的新规则，涉及相关部门、企业和个体的权利重新划分，必然涉及成本分担问题。

一是以常住人口为基准，将基本公共服务、非户籍常住人口市民化等指标纳入地方政绩考核系统，并给予足够的重视，解决地方政府激励不一致的问题。

二是解决地方政府事权与财权不一致的问题，税制改革以来，地方政府每年有70%的税收被中央政府拿走，市民化的责任主要在地方政府，必然造成权责不一，事权和财权不一，因此，在地方和中央之间需进一步推进权责统一。

三是促进制度的顶层设计，加强制度制定者与执行者之间的协调，协调相关部门，如教育、社会保障等部门的利益。户籍制度改革不仅要解决农业户籍人口或原农业转移人口的个人公共服务供给,还需解决他们核心家庭人口的相关福利,需要考虑农民工及随迁小孩数量的总和,有效解决留守儿童、留守母亲等问题。

二、推进土地流转制度改革

户籍制度改革的首要任务是实现人口的自由流动,实现农民工享有与城市居民平等的权利。为解除农民工进城的后顾之忧,首先要解决农民土地问题,即需要打破现有僵化的农村土地制度体系,实现土地权益与农民户籍身份分离。通过土地制度改革,确定农民土地使用权的财产属性,保障农民进城后的个人权利和财产不受侵犯。

(一)坚持相关原则,提高土地流转开发层次

一是土地置换权益要科学合理。在我国,土地承包权和宅基地使用权的置换不宜分离,但可以给予农民一定的时间过渡。在尊重农民意愿的基础上,现阶段农民进城可以暂时不退出土地承包经营权、宅基地使用权、集体收益分配权。允许农民以个人名义进行户口迁移,让农民作为转户的真正决策主体。政策设计上遵循依法、自愿、有偿的原则,开展先行先试,可采用土地分期置换和人均置换等方法,引导农业转移人口有序流转土地经营权。完善激励约束机制,强化对闲置撂荒承包地的处置利用,进一步创新地票制度,积极稳妥推动农民住房交易,推动农业转移人口自愿退出宅基地。

二是统筹城乡土地,集约节约,提高土地利用效率。按照管理下沉、责任到位的要求,优化农村及工矿土地复垦项目流程,稳步

推进复垦工作。在保证"取之于民,用之于民"的基础上,改变部分土地属性,将一部分流转出来的宅基地变为非农用地,增加土地变现收益。遵循按"占补平衡""占优补优""灵活机动"的原则,鼓励土地异地置换,远离城市宅基地复垦为耕地的同时,相应增加城市郊区非农用地面积。完善耕地质量等级评价与监测机制等工作,逐步建立完善复垦耕地质量等级评定程序及标准。

三是严格执行属地管理。进一步完善政府对农村宅基地的审批管理,更加重视土地权证办理,以精细化的目标加强农村土地权籍管理。推进农村土地利用规划编制,深化农村产权制度改革。对于自愿放弃土地承包权和宅基地使用权的农民,引导其在属地市级行政区加入城市社保体系,保证权责统一,平衡城市新老居民的权益。

(二)做好农村宅基地的规划管理

一是坚持从统筹安排城乡建设用地的要求出发,做好农村建设用地的置换工作,确保宅基地用地管理顺利进行。满足建房要求的,原则上不能原地改、扩建,而是引导其向城镇集中的居民点建房。对不具备建设要求的,最大限度地利用好空闲地。

二是对农村宅基地标准进行严格控制,严格贯彻"一户一宅"等法律法规,对"一户多宅",不得再申请或审批宅基地。禁止城镇居民购买农村集体土地上的房屋或禁止城镇居民在农村建房的审批工作。

三是做好宣传,强化节约用地意识,加强土地节约法律法规宣传,提高农民珍惜土地及爱护家园的意识。

（三）创新农村土地流转模式

改革开放初，我国土地所有权归集体所有，承包权归农户所有，实行的是"两权分离"政策。在新型城镇化背景下，可以考虑将现有的土地承包权进行再次划分，即重划为承包权和经营权，形成土地所有权、承包权、经营权"三权"分置的格局，进而创新出不同的土地流转模式。各地区可根据自身特色选择适合自己的土地流转模式。

一是集体组织带动的土地流转模式。对土地资源匮乏的农村，可将土地统一调整、发展规模经营。对处于城市化基础较好的城乡接合部的农村，村集体集中经营第二、第三产业的土地。

二是集体返租转包模式。在原承包关系不变的基础上，乡镇政府或村集体经济组织首先返租农户的承包地，然后再将返租的土地经营权承包给农业生产大户或农业产业化龙头企业经营，实现集约化、规模化经营。

三是土地股份合作制模式。在保障农民享受农村土地增值收益的基础上，实行农村土地股份合作制改革，即将农民土地承包权转化为股权，将土地流转给土地股份合作企业经营，企业经营的部分剩余按农民土地股权进行分配，个人利益与企业兴衰相联系，有效克服传统小农经济的弊端。

四是培育土地使用权流转平台，加强"互联网+"网络土地流转平台建设，支持各类社会中介组织参与农村土地经营权流转服务，在不改变农民承包关系和保证所有土地都有人耕种的基础上，鼓励创新各种土地托管服务模式，促进土地流转市场良性发展。

三、建立相应的社会保障制度

社会管理功能是户籍管理制度的基本功能,在巩固经济基础和促进经济发展方面,户籍制度也发挥着重要作用。但由于我国现有的户籍制度严重制约了人口等要素的合理流动,进而导致城乡居民在工作、学业和就业等方面的不公平待遇,阻碍了城镇化和工业化的进程,亟须改革。

(一)完善人口动态管理制度

一是完善人口迁移政策。人口基本信息管理和人口迁徙控制是我国户籍管理制度的两项基本功能。在我国现有的户籍制度下,农村剩余劳动力有巨大流动性,而户籍管理制度具有较强的固定性,两者形成巨大矛盾,人户分离现象突出。对此,户籍制度改革的方向应为实现人口信息的动态化、信息化管理,更加系统、全面地做好人口基本信息管理。这就需要顺应当前劳动力市场和经济发展趋势,逐步放宽对人口流动的限制,逐步形成以经济调控为主,各类法律法规调控为辅,建立在国家立法规范、社会经济调控、个人自主选择之上的新型人口迁移政策新格局。按照同步、平稳的原则,推动劳动力在城乡间或城市间的合理流动和分配,满足公民自由迁移的权利,让每个公民可以自主选择居住和就业方式。

二是完善户籍管理制度。通过一系列制度创新,逐步剥离依附在户籍制度之上的社会福利、身份差别等利益功能,使户籍制度成为单纯的人口管理制度,回归户籍制度最初的统计人口、确认公民身份两大主导功能。

三是创新户口管理模式。由过去单一的常住户口管理模式转变为用工制度与户口类型挂钩的弹性制度,全程实现证件化管理。

强化户籍制度的人口管理职能,以人为本,尊重居民的平等和自由权,完善居民常住、暂住、出生、死亡等户籍登记制度。

(二)完善农村转移劳动力的培训制度

当前,我国农村转移劳动力对培训的接受和认知程度普遍不高,不愿意或者没时间参加相关培训。仅有极少数农民认可文化素质及专业技能培训,加大职业培训有利于提高进城务工农民的工资待遇。另外,由于社会上的劳动力培训资源不足和政府的重视程度不够,我国劳动力存在培训力度、培训内容和培训手段滞后等问题。现阶段,我国劳动力培训主要集中在校企合作和政企合作方面,以实现定向、订单和储备培训等方面培训为主,以政府为中心的培训资源较为缺乏。地方政府往往为了应付检查而开展培训,这种方式并不能有效提高农民工的专业技能,其培训方式缺乏创新,培训内容无法满足市场的需要,农民培训前后改变不大。因此,组织开展多类型、多层次和多领域的农民工培训,切实提高培训的精准度和实用性,提高农民工的就业技能变得十分重要。

一是加强农村转移劳动力的文化知识学习。文化素质的提高是社会可持续发展的基本保障之一,为此,政府需要加大投入,在农村引进农家书屋,开展送文化下乡等活动,丰富农村居民的业余文化生活,提高其思想境界。另外,各地区可以以乡镇为依托,以乡村为重点,搭建多元文化交流平台,在教育上通过文化支教、志愿者服务等方式提高农村居民素质,在生活中编制农村文化宣传手册,促进农村文化自觉、文化自省,在媒体上发挥报刊、书籍、电视等主流媒体的宣传作用,提高农民的文化自信。

二是参加专业技能培训。在户籍制度改革的同时,政府需要引导农村转移劳动力努力掌握相应的知识和技能,提高自己的就业和创业能力。重视科技扶贫,通过科技下乡活动引导农民进入特色科技产业。推进农村职业教育培训、旅游扶贫、电商扶贫、贫困村致富带头人培训等相关工程。鼓励企业举办各种实用技术培训班,培养一部分生产能手和技术骨干。制定相关政策和激励措施,提高农村转移劳动力参加职业技能培训的积极性。

(三)建立健全城乡一体的社会保障机制

户籍制度改革需要以人为本,创新人口管理制度,其重点在于推进城乡统一的户口登记制度。逐步取消与户口挂钩的各种福利制度,进一步梳理和完善教育、卫生、就业、社保、住房、土地和人口统计等相关领域的政策,建立统一的城乡社会保障和公共服务体系。

一是多渠道筹措医疗保险资金,合理控制医疗费用增长。随着医疗保险覆盖面的扩大,城乡居民医保基金"满负荷"运行且筹措层次较低的现象开始出现,因此,一方面要"开源",拓展渠道筹措资金;另一方面也要"节流",合理控制医疗费用的增长。但同时也要注意,资金的筹措不能仅依靠政府解决,也可以邀请大型保险企业参与进来,如中国人寿、阳光人寿等,发挥非政府组织的力量,鼓励捐赠。另外,关于医疗费用增长问题,也要对患者群体进行合理约束,减少不合理医保支出,确定合理的医保报销比例。

二是完善城乡养老保险体系。逐步提高新型农村社会养老保险制度的覆盖范围,一方面,加大宣传,改变农村传统的养老观念,积极引导农民参保,提高农民参保热情;另一方面,国家进一步加大中央财政对农村社会养老保险的支持力度,按各地区经济发展水平,给予相应的支出。地方财政上,经济发达地区政府应自觉加大财政支持力度及宣传力度,完成新型农村社会养老保险普及工作,经济欠发达地区政府应积极争取中央财政的转移支付。

三是进一步加大对农村居民最低生活保障制度的实施力度。资金短缺仍是限制我国农村最低生活保障制度覆盖范围不够广,保障水平较低等问题的关键。对此,政府首先要加大农村居民最低生活保障资金投入力度,并在农村推进税费改革,减轻农民负担。其次,也要发挥非政府组织的作用,如对捐款慈善机构实施全额免税的优惠政策,鼓励其发展慈善事业,政府成立募捐款项专门账户,保障专款专用。最后,完善农村最低生活保障配套设施,对有劳动能力生活困难的群众进行技术教育,提高其技术能力,帮其摆脱生活困境。加强扶贫的精准力度,对生活困难农民给予医疗、子女上学等方面的帮助。加强对农村居民最低生活保障资金的使用监督,完善相应的法律法规,从法律层面保障资金合理使用,严惩违法行为,另外也要加强资金运用的透明度,公开资金使用,接受群众监督。

四是进一步完善农民工工伤保险制度。当前,农民工工伤事故引发的劳资纠纷事件越来越多,其影响也在逐渐扩大,表明我国工伤保险制度存在漏洞,相当一部分农业转移人口无法享受与城市居民相等的工伤保险。同时,我国大部分企业出现了为节约成本而不为员工购买保险的现象,许多农民工也因为对工伤保险认识不足而不愿意购买工伤保险,员工的合法权益得不到有效保障。基于此,完善农民工的工伤保险制度变得十分迫切,一方面,需要对农民工的工伤保险作出详尽说明,并依法强制用人单位为农民工购买工伤保险。另一方面,对于流动性强的进城务工人员,政府

可出台相关文件,将年度投保改为月度投保,或按天数计算投保。针对农民工出现工伤没有财力支持的情况,可以简化理赔手续、缩短处理时间,保证农民工得到及时治疗。

第八章　新型城镇化下城乡户籍制度
同步改革的目标及建议

第一节　新一轮户籍制度改革的主要目标

自 2014 年 7 月国务院印发《关于进一步推进户籍制度改革的意见》,开启了新一轮户籍制度改革,我国户籍制度改革取得了重要进展,取消了农业户口和非农户口的区分,统一登记为居民户口,要求合理引导农业人口有序向城镇转移,有序推进农业转移人口市民化。由中央政府主导,地方政府以及各部门共同配合实施的全方位户籍制度改革,深化了户籍制度改革的综合整治效果。总的来说,新一轮户籍制度改革取得了较大成绩,同时也存在一些问题,如农业转移人口市民化进展缓慢等,我国户籍制度改革目标在于打破现在以农业户口和非农业户口身份依托的居住地管理和移民管控,实现人口自由迁移流动,构筑城乡居民居住地登记制度,实现居住地公共服务的普惠性和均等化,构筑依托国民身份的国民福利制度,建立国家统一市场体制;在于如何打破现有的利益格局而不造成新的社会冲突与群体对立,不仅要给予农民迁徙的自由,而且要给农民与城镇居民相等的权利,稳妥推进城镇化建设,缩小城乡差距,既要确保完成既定目标,又要结合各地实际情况合理有序推进改革,才能交出户籍制度同步改革满意的"答卷"。

一、国家层面新一轮户籍制度改革的目标

1958 年《中华人民共和国户口登记条例》标志着我国户籍制度的建立。自户籍制度建立伊始,户籍制度为推进我国工业化的进程作出了重要的贡献,但是同样造成了城乡对立的加剧,经济机构的僵硬化,社会公平的缺失。自改革开放以来,户籍制度经历了三轮比较重要的改革,第一轮是 1984 年中央一号文件允许务工经商的农民可以到集镇落户为标志,一直到 20 世纪 90 年代。第二轮改革是从 90 年代开始,一直到 21 世纪初,这一轮改革主要是以小城镇户籍制度的改革意见为主,开始允许有合法居住地,或者固定的职业以及稳定来源的农民可以在县级市以下的城镇落户,同时还有一些地方性的户籍制度(蓝印户口)出现。在这之后,户籍制度便进入了第三轮改革,这就是本轮户籍制度改革的开始。

从中央层面看:2014 年国务院印发《关于进一步推进户籍制度改革的意见》,该文件一共提出了三个方面共十一条具体的改革措施,主要内容包括:第一,户口迁移政策全面放开建制镇和小城市落户的限制。第二,要创新人口管理模式,建立城乡统一的户口登记制度。第三,要真实保护农业转移人口的合法权益,完善农业农村产权制度。

2015 年国务院常务会议通过了《居住证暂行条例》,规定中国公民离开常住户口所在地,在其他地方居住半年以上的且符合"合法稳定就业""合法稳定住所"等条件的,可以领取当地的居住证。同时该条例规定,持有居住证的中国公民有权利享受一系列的基本公共服务和便利条件。

2016 年 2 月,国务院印发了《国务院关于深入推进新型城镇化建设的若干意见》。该意见积极推进了农业转移人口市民化进程,提升了城市功能,要求培育中小城市群,并依靠小城市群辐射乡村建设,要求完善城市和农村的土地利用制度,完善城镇的住房制度,并且在新型城镇化和新农村建设等方面都提出了具体要求,尤其在对农业转移人口市民化进程,提出了详细的要求。

2016 年 9 月 30 日,国务院办公厅印发了《国务院办公厅关于印发推动 1 亿非户籍人口在城市落户方案的通知》。该通知结合当年的政府工作报告中的"三个一亿人"的目标,指出到 2020 年全国户籍人口城镇化率要提高到 45%。《推动一亿非户籍人口在城市落户方案》明确以存量优先为原则,优先解决那些有能力在城市稳定就业的人口的落户问题。至此,新一轮户籍制度改革的基本框架已经构建完毕。

从各部门的配套措施看:户籍制度改革的重点一直在于附着在户籍制度上的利益分配问题,因此与户籍制度改革相配套的改革同样重要。在 2014 年国务院《关于进一步推进户籍制度改革的意见》出台以后,与户籍附着利益相关的各部门也相继出台了一系列配套措施。

公安部门作为户籍管理的主要部门,也是这次户籍制度改革的牵头部门,根据《国务院办公厅关于印发推动 1 亿非户籍人口在城市落户方案的通知》的要求,率先在全面放开重点群体的落户限制,调整完善各类城市的落户作出了新的具体部署,同时推进户籍管理的信息化,建设了国家人口基础数据库。

国家发展和改革委以推进新型城镇化建设和制定国家发展改革规划的角度出发,也对户籍制度改革提出了要求。2016 年 12 月印发的《国家人口发展规划(2016—2030 年)》,提出要加快户籍制度改革,实现以人为核心的城镇化,合理引导人口流动,进一步提高城镇化的质量。2017 年 1 月国务院印发《"十三五"推进基本公共服务均等化规划》,明确了城镇基本公共服务常住人口全部覆盖的要求。2019 年 2 月印发的《关于培育发展现代化都市圈的指导意见》,进一步提出了要放开放宽各个城市的落户限制(除个别超大城市外)。2019 年 3 月 31 日《2019 年新型城镇化建设重点任务》中提出了要继续加大户籍制度的改革力度,在此前的 100 万以下中小城市和小城镇取消落户限制的基础上,限制城区常住人口 100 万—300 万的大城市也要全面放开落户限制,300 万—500 万要全面放宽落户条件。

农业转移人口后代的教育问题是农业转移人口市民化过程的一大难点,教育部通过推进"以输入地政府为主、以全日制公办中小学为主"的政策,将随迁子女纳入区域教育发展规划和财政保证规划。2016 年 7 月,国务院印发了《国务院关于统筹推进县域内城乡义务教育一体化改革发展的若干意见》,该意见提出了要按照城镇化规划和常住人口规模编制义务教育学校布局。

住房和城乡建设部在解决进城落户人口的住房问题上,于2012 年出台了关于《公共租赁住房管理方法》,2017 年接连出台了《关于做好城镇保障家庭租赁补贴工作的指导意见》《关于在人口净流入的大城市加快发展住房租赁市场的通知》《关于支持北京市、上海市开展共有产权房试点的意见》等,通过完善公租房、住房公积金等政策措施,进一步帮助进城落户人员解决住房问题。

自然资源部为落实《国务院办公厅关于印发推动1亿非户籍人口在城市落户方案的通知》,制定了《关于建立城镇建设用地增加规模同吸纳农业转移人口数量挂钩机制的实施意见》,与此同时,加快推进集体土地确权登记发证和不动产的登记,加快推进农村土地制度改革,目标在于为加快实现推进农业转移人口市民化。

二、总体上看地方户籍制度改革目标

户籍制度改革的重点在于落实,在城市地方政府层面的落实情况,决定了改革的失败或成功。自国务院颁发《关于进一步推进户籍制度改革的意见》后,各地相继出台了相应的对策意见。各地所出的实施意见是该意见的细化,在户籍制度改革的目标方向上,各地区政府都呼应了国务院的要求,且富有区域特性。总的来说,地方层面的户籍制度改革实现了以下几个方面的目标。

(一)建立了城乡统一的户籍制度

绝大多数城市都根据意见取消了农业户口和非农业户口的区别,统一登记为居民户口,这是改革的一大亮点。虽然这样的改革,并没有从根本上将城市户口与农村户口区分开,但是在此基础上,以后的改革会更加容易,为后续推动城乡基本公共服务的统一覆盖提供了制度基础。在一定程度上,这标志着往后的政府在提供公共服务时,区分类别仅为本地和外来人口两个层面。

（二）完善了户籍迁移政策

根据国务院的要求,在不同的城市,政府要设置相同的落户准入标准,所以各地在完善户籍迁移政策的时候也是有所不同的。对于县级以下的中小城市,或者规模较小的地级市,户籍落户的限制要全面取消。大城市以及特大或超大城市,都要降低门槛,放宽落户条件。

（三）全面实施居住证制度

在 2016 年 1 月《居住证暂行条例》生效后,居住证制度就全面代替了暂住证制度。各地区按照《居住证暂行条例》都相应实施了居住证制度。居住证的认领与户口迁移中的落户准入条件相似,各城市的认领条件也是不同的。2016 年,全国发放了约 2890 万张居住证,其中北京市约 169 万张、上海市约 41 万张。在不同的城市,居住证所带来的福利效益也是不同的。有调查显示,武汉市居住证的持有者可以享受当地 87% 的居民利益。[①]

（四）调整了相关配套政策

各地政府为了确保户籍制度改革的实际效果,对当地的教育、医疗、社保、住房等与户籍制度相关的政策都进行了调整,都采取了切实措施,使现行的政策与户口性质脱离,进一步拉近了城乡公共服务的均等化。

---

① 陈鹏:《新一轮户籍制度改革:进展、问题及对策》,《行政管理改革》2018 年第 10 期。

(五)有条件地放开落户资格

各地的新一轮户籍制度改革措施显示,即使部分城市放开了落户条件,拉近了公共服务的公平化,但是最核心的内容仍然是有条件的"允许"落户形式。尤其是对有落户门槛的大城市和特大城市来说,积分制的落户条件,对人才的倾向十分明显。①

第二节　目前我国户籍制度同步改革
面临的难点

一、超大城市户籍制度改革进程较慢

中国的户籍制度有明显区别于其他国家的两个特殊功能,即限制人口的城乡迁移以及城市公共服务的不均衡。② 我国的户籍制度通过商品粮以及就业机会等的排他性,或行政手段将人口限制在一定的区域内。城乡二元户口的区别,通过对非户籍人口的人群在基本公共服务领域进行限制。户籍制度的这两大功能在我国的户籍制度演进历史过程中,展现出一种相对立的关系。

自 1958 年《中华人民共和国户口登记条例》出台以来,户籍制度一直服务于城市的工业化建设。在中国的这一时期,农民要求被限制在土地上从事农业工作,与此同时城市又要为工业部门的低工资群体提供公共服务。这一时期就是将人口限制迁移和城

---

① 张国胜、陈明明:《我国新一轮户籍制度改革的价值取向、政策评估与顶层设计》,《经济学家》2016 年第 7 期。
② 叶建亮:《公共产品歧视性分配政策与城市人口控制》,《经济研究》2006 年第 11 期。

市公共服务的非歧视结合,也就是农村人口被限制进入城市,但是在城市的户口可以享受城市的基本公共服务。

自新一轮户籍制度改革开始,改革的主要任务就是应对我国人口红利减弱以及新型城镇化背景下农业人口转移动力不足的问题。但是,随着存量时代的到来,我国的农村劳动力已不再是无限供给,农村劳动力也进入了存量时代,"民工荒"问题频频出现,在推动我国户籍制度改革地理想形式是自由的人口城乡迁移和城市公共服务的均衡配置相结合。现阶段,人口的自由迁移基本实现,所以现在户籍制度改革的核心任务就是消除城市公共服务的歧视。在我国,由于中小城市户籍福利相对较低,中小城市的落户限制已经基本放开,从而城乡公共服务的差别基本已经消除。所以现阶段户籍制度改革的核心就是解决大城市的公共服务产品差异。

二、剥离"户籍福利"进程缓慢

20世纪80年代后,户籍制度的改革一直沿着剥离户籍福利差距以及扩大福利范围的方向进行。剥离户籍福利的形式是通过新的利益分配机制的一种过程,这种形式理论因为户籍制度的弊端是在于功能的异化问题,户籍制度被不合理地添加上了利益分配的功能。因此,户籍制度的改革就是要将这种挂靠在户口上的一系列特殊福利与户口类型剥离开来。

扩大利益范围是一个使新加入者获得利益分配的过程,该形式的理论依据是,尽管新的户籍制度已经不限制农村人口到城市落户,并且越来越多地附着在户籍上的利益被剥离,但是农民工在就业、工资等方面的福利仍然和城市的本土居民存在较大的差距。

我国在进行市场转型的过程中带来了很多的流动机会,但是户籍差距带来的影响仍然存在。因此,扩散户籍所能带来的利益并不是这次改革的根本目标。比如,在一些城市确实实施了一部分政策,如"蓝印户口"、购房落户等政策,也确实解决了一部分的问题。在这两个改革的过程路径上,都有一个共同的特点,就是他们都着眼于单个城市的户籍制度改革,实施的背景主要是城乡之间的差异。但是随着中国经济的发展,户籍利益之间的差异,已经逐步演变为不同规模城市之间的差异,如果仍然坚持走单个城市的道路,只会让改革走进误区。当前的户籍制度改革仍然是以上两种改革形式并行的路径,这种差别化落户的行为,如一些城市所实行的"人才落户",而户籍制度改革的农民工,被排除在外,这样的现象会导致城市与城市之间的差距越来越大。因此,不仅不会推动农业转移人口市民化,反而会使得户籍制度改革的进程延缓。

三、不同规模城市差异化落户遇到困境

国务院颁发的《关于进一步推进户籍制度改革的意见》指出,本轮的户籍制度改革推进的措施是在全民放宽落户条件的基础上,根据不同城市的人口规模以及发展水平实施不同的落户政策。但是这样的政策实施下来在实践过程中会遇到困境。这次改革的核心成本是非户籍人口成本,与户籍挂钩的各项支出是由各地的财政负担的,然而各地的财政预算是以户籍人口为基础的,而对于那些跨区域迁移来的人口没有相应财政安排,所以对于这样的财政支出,各地政府都只能在一定程度上根据自己的财政能力进行酌情安排。现阶段,人口流入较多的城市都是一些经济发达地区。经济发达区域有着较强的财政支出能力,或者更强的社会资源分配

能力,能够获得更多的中央政府的偏爱。① 从落户成本考虑,以城市规模作为标准推进户籍制度改革的进程是一个很单薄的标准,是不能够正确全面地推动户籍制度改革的。

从实践层面看,按城市规模进行的户籍政策会遇到很多问题,比如,在特大城市落户会存在困难,因为即使同样是特大城市,不同城市中的农民工数量和层次也是不同的,比如,沈阳和广州,沈阳的农民工要比深圳的农民工数量少80%以上,落户的难度显然是不同的。比如,规模较小的城市的落户要求也不同,即使是一些较大城市西安等,农民工数量比例并不高,而泉州等农民工数量比例却很高,显然这两种城市的落户难度也是不同的。

四、农民工落户政策演化为"人才落户"政策

《国务院关于进一步推进户籍制度改革的意见》明确提出到2020年要实现一亿农民落户,针对农民转移人口市民化进程十分缓慢,国务院进一步提出《关于深入推进新型城镇化建设的若干意见》,鼓励各地区进一步放开户籍的落户限制,除极少的超大城市,其他城市允许农业转移户口就业迁移,要优先解决农民学生的升学等方式进入城镇的人口,并要求不准采取购买房屋等方式来限制落户。《国务院办公厅关于印发推动一亿非户籍人口在城市落户方案的通知》要求户籍人口城镇化年均提高一个百分点以上。2020年全国的户籍人口城镇化率要提高到45%。各地方政府在推动政策的过程中,为了吸引更多高素质人才来城市发展,把指标要求与人才引进战略相结合。比如,北京市的积分落户政策,

---

① 范红忠:《我国大城市生产和人口过度集中的原因分析》,《城市问题》2009年第11期。

本科 10.5 分,硕士 26 分,博士 37 分。显然,年轻的高学历人才更容易获得户口。可见,各个大城市出台的积分落户政策明显偏向于高素质人才。其实这样的情况可以理解,从地方政府的政策取向上看,吸纳人口到城市中来,吸收一些高素质人才更有利于城市的发展和未来城市的财政收入。落户政策根据一个人的人力资本来决定他能否在城市享受城市福利,能更多地激发人们提高自身的文化素质和修养。但从以人为本出发,作为本国的公民,高学历不是唯一的衡量标准,对于一些文化素养不高,年纪较大的农民工,只要有一技之长,能在城市靠自己存活下去,也可以定性为特殊人才,给予政策上落户的倾斜,这样才能真正激发人们的潜在动力,各自在城市里发挥自己的特长,城乡之间的差距也能越来越小。

五、农业转移人口市民化和市民化能力不匹配

在我国改革开放初期,采取的城镇化战略是小城镇化模式。乡镇企业的大发展引领了那个时代的经济发展。然而到 20 世纪 90 年代后期,小城镇发展高成本、低效率等弊端显露出来。于是在 2002 年党的十六大报告提出,优先发展大城市。大城市由于地域优势以及政策倾斜,很快就实现了高速发展。大城市发展导致农业转移人口市民化难度加大,主要原因是就业能力和住房支付能力的错配。大城市在吸纳更多人口的同时,也伴随着生活成本的提高。首先,我国超大城市的住房价格远高于其他城市,且农民工的工资水平相对于高房价来说,显然是不对等的。在农民工的就业区域上,大城市以上的农民工比例占据了所有的农民工数量的 2/3。所有城市的就业吸附能力和农民工支付住房能力显然是

不匹配的,也就意味着农业转移人口市民化和农民工人口迁移的方向是错配的。

　　造成以上现象的原因仍然是我国的发展重点是偏向大城市的,形成了城市与城市之间的发展差距,从而使得大城市的非户籍福利仍然高于中小城市的户籍福利,所以很多农业转移人口宁愿迁移到大城市做非户籍人口。

第三节　新型城镇化过程中加快城乡户籍制度同步改革的对策

　　我国的城镇化过程还伴随着市场化进程,城市的发展和乡村的发展是由两条不同的体制制约的,难免会发生不平衡的问题。中国在改革开放之后的城镇化方向是以大量的农村廉价劳动力为基础的。农村劳动力进入城市是无法获得均等化的待遇及基本公共服务的。因此,在这样的背景下,一些大城市人口急剧膨胀,使得城镇化显现出一种少数大城市规模过大,中小城市规模较小的发展结构。大城市的规模越大,根据规模报酬递增原理,会使得大城市的经济社会发展水平与中小城市的差距越大,导致大城市的非户籍福利超过中小城市的户籍福利。因此,农业转移人口会在大城市选择非户籍福利,而不愿意选择小城市的户籍福利。大城市的落户条件要求也越来越高。城市与城市之间发展水平的差距,形成了巨大的人口流动,使得大城市的福利分配失衡越来越难以破除。

　　新一轮的户籍制度改革没有起到令人满意的效果,是因为本轮户籍制度改革的重点放在了城市内部,而忽视了城市与城市之间的发展不平衡问题。城市与城市之间发展水平的失衡进而影响了城市内部的福利分配失衡。如果只把重点放在城市内部失衡的问题上,是无法撼动我国户籍制度所带来的负面影响的。因此,城乡户籍制度同步改革,必须建立城乡统一的户口登记制度,打破城乡二元户籍制度,让每一位中国公民的户口,同步统一登记为居民户口,从城镇化的双重失衡入手,要解决城市与城市之间的发展不平衡问题和城市内部分配不均衡双重问题,对中国的城镇化发展进行双重转型的改革。

一、大力提高中小城市对农业人口的吸纳能力

破解城市与城市之间的发展差距要优先于破解城市内部的福利分配不均衡问题。要破解城市之间的发展差距,首先要解决人口向大城市转移的状态,让大城市的人口自然增加的机制减弱。要扶持的城市主要包括那些行政级别较低、人口吸附能力弱的城市。提高城市的发展潜力,主要包括产业引导发展、优化空间布局等方面,提高中小城市的人才吸纳能力。

提高中小城市的就业机会。选择具有竞争性、有潜力、关联度高的特色产业作为中小城市的主导产业。制定适合于中小城市发展的特色产业,引导中小城市建立特色园区,吸引与主导产业有关的相关产业入园,打造较强的品牌效应,从而提高地区的产业品牌效应以及就业竞争能力。

科学合理规划中小城市的发展规划布局。城市的发展规划布局十分重要,城市布局要与产业发展以及基础设施建设等配套措施相结合。要客观分析城市的承载力,合理预测城市内部地区的

发展趋势,将城市发展和国家政策相结合。

加强基础设施建设,提高中小城市的人口吸引力。基础设施的建设是影响产业发展和吸纳人口的重点。要改变以往政府主导建设的现状,要允许民间资本的加入,由民间资本自主建设基础设施,如地铁、桥梁等。政府要合理管理,使得民间投资者有回报。尽快完善城乡户口登记统一制度,促进中小城市的教育、医疗等资源共享。加大中小城市的社会保障收入,完善社保体系。建立起城乡统一的就业服务机制,培育多元技能人员,增强中小城市农民的就业能力。

二、"以人为本"导向调整大城市积分落户制度

户籍制度问题是城乡之间的二元结构问题,城乡户籍制度同步改革重要的是将城乡户籍统一为居民户口,目前我国城乡户籍福利的差距相对在缩小。作为改革的重点应该是基于户籍的地方属性而产生的本地居民与外来人口的福利差距。在我国的各个地区,政府在安排财政收支和制定财政政策的时候,有时候没有充分考虑外来人口,也没有提供足够的财力来满足非本地户籍人口的需求。统一了城乡户籍制度,改善了本地农村劳动力的就业机会,但在一定程度上也挤压了外地劳动力,进一步形成了本地和外来户口之间的壁垒。

大城市是农业人口转移的主要目的地,是我国进行户籍制度改革的主要战场。通过一定的落户限制控制人口的增加是有必要的。通过偏向高素质人才的落户积分机制,使得大量年轻有为的年轻人选择大城市落户,能够促进大城市的进一步繁荣发展。与此同时,也应该注重以人为本,关注农民工等学历层次人群的基本

生活和落户政策,设置对低素质人才、使有能力在城市落脚的技工和农民工获得相应的积分落户制度,让农民工在大城市能体面地生活,不会因为过大的生活压力而返回乡村。只有这样,大城市才能越来越繁华,人口规模及人口素质提高,社会矛盾弱化,更好地发展第三产业服务业,大城市与中小城市之间的差距逐步缩小。

户籍的本质是人口登记的手段,建议借鉴欧美等国的绿卡、通行证等手段,突出人力资本的重要性。只要是我国的公民,无论学历的高低,还是所处阶层的高低,都可获得平等的权利。因此,积分落户制度可以分为多层次,按照2019年3月31日《2019年新型城镇化建设重点任务》提出的要求进行改革。要相应地降低学历、职称等指标的权重,提高居住年限、农村学生、农民工等指标的权重。面对城市中农民工聚集区的卫生、消防等问题,要合理推动改革,不能"一刀切",要谨记中央政府所下达的新型城镇化的任务核心——"以人为本"。

三、完善户籍制度顶层设计,均衡城市福利分配

目前中小城市的落户已全面放开,这是我国户籍制度改革的一项阶段性成果。要想取得更多的成果必须放开大城市的落户条件。在我国东部的一些城市已经聚集了大量的外来劳动力,甚至已经超过了当地户口人数。大城市户籍制度改革的迟缓会导致这些人口很难在城市落户,这会导致日益增加的社会矛盾。放松大城市的户籍制度管理会使得公共服务的拥挤效应和人口的规模效应呈现相持平的状态。因此,无论是大城市还是小城市都要放开落户的限制,这对户籍制度改革有着至关重要的作用。

城市之间的福利分配失衡主要体现形式指本地人口与外来人

口的福利分配失衡,推动户籍制度改革的重点应该放在外来人口的市民化上,不应该局限于本地人口,这样户籍制度的改革才会带来实际效果。落户的重点不应该仅仅集中在人才上,应该惠及农业人口。从各城市的落户制度看,落户政策明显偏向于高素质、高学历的人才,而普通的农业人口很难获得足够的积分进行落户。因此,在一些城市做户籍制度顶层设计的时候,应该相应地降低一些学历、支撑等条件的比重,增加合法稳定住所和就业以及城镇社会保险的比重,促使在城镇稳定就业以及生活的农业人口进行举家迁移。

户籍制度的改革,重点在于中央政府加强顶层设计。由于各地区有差异性,户籍制度改革的推动必须由地方政府操作,但是与户籍制度挂钩的公共服务是由中央政府来推动的,如一些流动性强的公共服务,养老保险、教育等,需要中央政府顶层统筹和调控。因此,要加强中央政府顶层设计的主体责任,推动宏观层面的制度变革,确保户籍制度在各地区实现有效的改革。

四、合理构建跨区域的"人地增减挂钩"制度

《中华人民共和国农村土地承包法》规定,如果承包方全家迁入城市的农民,应将承包的土地归还。现实情况是,由于考虑到乡规民约的问题,并没有严格执行这一标准,对于那些转到城市落户的农民,只要其家里还有承包地,并且没有完全和家乡脱离关系的,农村集体就不会将这些土地收回。在《国务院关于进一步推进户籍制度改革的意见》中规定,进城落户的农民在退出承包地及宅基地问题上,要求当地政府要在尊重农民意愿的前提下进行改革试点。要求现阶段不得以农民退出农村土地作为落户的限制

条件。尽管如此，国家给予了这些农民对农村土地的保护，但是很多农业转移人员仍然持有疑虑和担心。另外，还有三点原因导致农民不愿转户，第一，农民对土地的心理依赖和对土地的感情促使农民不愿意轻易地放弃土地，他们认为土地是能够保障他们生活的最后一道屏障。第二，许多农民认为城镇住房没有保障。第三，社会保险所带来的经济压力大，农民工的工作不稳定，当他们面临失业的风险时，社会保险的支付对于他们来说是一种负担。

实施合理的土地政策，要充分尊重农民的意愿，建立起合理的土地制度。要明确农民在农村的土地权益，以及农业转移人口市民化后能够享受的户籍福利。构建出一套以承包地以及宅基地合理置换城市户籍福利的土地制度和户籍制度联动改革机制。该机制的目的不应以城市的经济发展为目的，不能以城市获得城镇开发建设用地为目的。改革的目的要通过一定的制度设计，将这些置换的农村土地进行增值经营，将收益回馈给市民化的农民。

建立起跨区域的"人地挂钩"制度尤为重要，要进一步深化改革用地审批制度，使得外来人口的市民化得到更多的保障。改革应以相应的市民化计划数量以及相应的完成情况进行建设用地数量的增减。建立起合理的建设用地"增减挂钩"制度，人地挂钩可以实现农民在市民化过程中获得平等的社会保障以及公共服务，对于市民化最重要的是住房权益。农民务工者，只有住上正规的城市住房，才是真正地实现了市民化。因此，应建立起合理的建设用地"增减挂钩"制度，即允许进城农民工将宅基地复垦，从而形成建设用地指标，以换取城市的保障性住房。由于农村宅基地本身就是无偿的，对于已获得保障性住房的农民工要求其主动退出宅基地，以防止其多次换取保障性住房的风险。

五、实施分散型城镇战略,解决过度城市化问题

我国的城镇化发展以往以集中型发展为主,要构建以分散型城镇化发展战略,根据国家战略发展的需要和因地制宜合理发展的原则。目前大城市的地位不断提高,在未来的发展战略中,建议国家出台积极推动中小城市发展的政策,未来的中小城市要依托中心城市的辐射带动,形成具有鲜明城市特色、环境优美、交通便捷的美丽城镇。要有计划地引导重点高校以及大型企业等,在中小城市设立部分重点赛事、重大会议、重大展览等,拉动中小城市经济发展。构建打通好大城市与中小城市人才、资源等交流通道,扩建高速公路等基础设施,依托城市群发展,打造中小城市的卫星城。持续提升中小城市非户籍福利水平吸引人口集聚,中小城市要利用自身优势,有选择地承接大城市的制造业,形成和大城市相衔接的人才市场,明确中小城市各自的主导产业和优势产业并大力发展,创造出更多的就业机会。加大教育、医疗等公共设施的投入,在项目规划时注重城市的绿色发展,改善人民居住环境,形成城乡融合的新局面。

目前我国的户籍制度改革,顶层设计是根据城市规模进行阶梯化设计的。随着城市的规模不断增大,落户对于合法稳定居住,合法的稳定就业,以及参加社保的年限等条件的要求也越来越高,导致我国户籍制度改革的特大城市在改革方向上失去了苗头,甚至于在"特大城市严格控制规模"的指导下,一些大城市开始清理"低端人口"——通过消防安全、营业执照、卫生等门槛来清退大量的非户籍人口,以此实现人口规模的有效控制。在我国的一些特大城市的人口迁移限制和城市公共服务的歧视是户籍制度改革过程放缓的原因之一。有些学者认为,中国的城镇化应该走大城

市为主的道路,因为大城市会出现明显的集聚效应,在这样的集聚效应下,会带来更多的集聚收益,更多的就业机会以及更高的科技进步。[1] 然而在中国经济体制转型的背景下,城镇化进程中的一些特殊制度安排会使得这种理论出现偏差,鼓励以大城市发展为主的集中型城市化战略,会进一步扩大城市与城市之间的差距,这将导致无法实现农民工的非永久性迁移向永久性迁移的转变、个体迁移向举家迁移的转变、低就业向高就业的转变,从而造成了与户籍制度改革的路径冲突即农业转移人口市民化的冲突。因此,城镇化发展分散型城镇战略的改革,是户籍制度改革的根本所在。

六、有序推进实施农业转移人口市民化战略

中国城镇化发展进入了一个"半城镇化"困境。[2] 而农业转移人口市民化的过程是一项系统工程,这包含了职业从不正规到正规劳动力市场的转变、社会身份的转变、自身素质的转变、思维方式、生活方式的城市化。[3]

推进非永久性迁移向永久性迁移。在我国,农村劳动力向城市的转移,主要是以务工的形式出现在城市,当这些劳动力步入中年,子女或者自身的医疗保障等得不到公平待遇的时候,他们会不得已选择返乡。[4] 非永久性迁移在一定程度上影响着城镇化的提

---

① 陆铭、向宽虎、陈钊:《中国的城市化和城市体系调整:基于文献的评论》,《世界经济》2011 年第 6 期。

② 刘金伟:《新一轮户籍制度改革的政策效果、问题与对策》,《人口与社会》2018 年第 4 期。

③ 刘传江、徐建玲:《第二代农民工及其市民化研究》,《中国人口·资源与环境》2007 年第 1 期。

④ Zhao Y.,"Causes and Consequences of Return Migration:Recent Evidence from China",*Journal of Comparative Economics*,Vol.20,No.2,2002,pp.376-394.

高,既影响城镇化质量的提高,也影响城镇化水平的提高。在我国,农村劳动力在城市里受到的歧视,主要表现形式是各项市民权利的排外。我国是一个制造大国,需要大量劳动力,而这些农村劳动力由于没有市民的权利,劳动力要素成本很低。中国的人口红利让经济得到了持续高速增长,为国家的进步作出了巨大的贡献。农村劳动力在年轻的时候进城务工,当他们老了之后就回到农村,将人口红利留在了城市,却将人口负债带回了农村。长久以来,中国的城乡差距越来越大,巨大的城乡差距又促使一些更年轻的农村劳动力转移到城市去。因此,我国的农村转移人口处于这样的一个非永久性迁移"循环"状态。进城务工的农民工只是表面上参与了我国的城镇化进程,实际上他们是游离在城镇化进程之外的。

通过户籍制度改革使得农业转移人口获得和城市居民均等化的城市福利,将会大幅度提高农业转移人口永久性迁移的比例。在1980年之后出生的"二代"农民,将会成为下一代农民主体。农业转移人口的永久性迁移将会变成一个必然趋势。而这些"80后"显然是一群缺少农业生产经验和农村情怀的群体。资料调查显示,绝大多数"新一代农民"都不愿意回到农村。① 也就是说,他们会永久性地留在城市里,在这样的情况下,如果我国各个城市没有制定好接纳这些人的政策,这在一定程度上会影响户籍制度的加速改革,他们无法返回乡村,又不能在城市安居乐业。这样的情况会成为社会不稳定的因素,永久性迁移即使实现,也会对城镇化造成严重损害。

① 邹一南:《中国城镇化水平的再认识与城镇化转型——基于新增城镇人口的来源结构角度》,《东岳论丛》2016年第11期。

推进个体迁移转向全家迁移。我国农业转移人口的迁移方式与其他国家不同的是,举家迁移的比例远低于其他国家。在我国,留守儿童的现象十分常见,进城务工的转移人口,多为青壮年。那么个体迁移对城镇化水平也有着一定影响。出现这种现象的主要原因是,城市的生活成本较高、子女的教育成本较高、住房的缺失等。我国农业转移人口到城市务工的工资还是比较少的。同时由于没有纳入城市的住房保障体系中去,工资微弱,不足以购买大城市的正规住房,如果推动城市务工者举家迁移,一方面需要考虑高额住房成本,另一方面需要考虑进城后的生活成本。

如果能降低农业转移人口在城市的买房成本,以居住融合的方式实现农业转移人口市民化,这种形式和以人为核心的城镇化理念是相符合的,2015 年中央会议将"农业转移人口市民化挂钩去库存"作为工作的重点内容。住房保障的作用便凸显出来,但是各个城市的保障性住房,大多是针对当地户籍居民的,并没有将农民工纳入其中。① 如果想增加农民工举家迁移的比例,就要通过落户来解决,通过加快户籍制度改革,使得农民工快速获得当地政府的认可,并在此基础上,工作达一定年限的农民工也能获得住房保障,从而促使他们完成举家迁移。

推进低就业向高就业转移。我国农民工的就业是一种非正规就业为主的现象,根据皮奥(Piore)的二元劳动力市场理论来看,城市劳动力市场不是一个统一的市场,而是存在劳动力一级市场和劳动力二级市场。中国的城市劳动力市场存在着明显的二元分割现象,农民工普遍都没有正规的就业,而造成这一现象的主要原

---

① 董昕:《中国农民工住房问题的历史与现状》,《财经问题研究》2013 年第 1 期。

因就是户籍制度,户籍的歧视降低了农民工的就业质量,这一现实增加了中国陷入中等收入陷阱的风险。中国目前处于一个跨过中等收入陷阱的关键时期,产业的升级是我国经济转型的核心,但是这样的升级需要消费的是人力资本的两轮驱动,一个是需求端,另一个是供给端。而低质量就业会同时削弱这两轮驱动力,制约消费扩张,又会对人力资本的再循环造成困难,就会形成低就业现象,是低人力资本的恶性循环,这将会大大地增加中国陷入中等收入陷阱的概率。

因此,为了提高农民工的就业质量,需要消除对农民工基于户籍身份的就业歧视。除了短期的就业保护政策外,更根本的措施是加快户籍制度的改革,从根本上解决在城市就业的农业转移人口的落户问题。

七、建立多方共同参与的多元成本分担机制

社科院发布的蓝皮书提出,到2030年前中国需要市民化的人口总量要达到3.9亿人。因此,需建立由政府、企业、社会等共同参与的多元化成本分担机制。在国家层面,应建立社会保障普惠机制和土地跨区域流转及户籍制度改革激励机制。在户籍制度改革过程中,城市财政输出的增加应该以合理的国家层面与地方层面、国家与政府和个人分担比例、劳动力输出与输入关系的理顺为基础,按照财力和事权相匹配的原则,明确中央、省、市、县、乡在户籍改革成本上的支出责任。优化基本公共服务的财政输出,要逐渐上移事权,公共服务的转移支付应与常住人口规模相匹配。调整现行土地增值收益分配结构,将其主要用于解决转移人口城镇化问题。

深化农村土地制度改革。盘活农村存量土地资产,实现土地的快速流转,赋予农村集体土地财产价值。加快完善农村土地产权制度,允许农民对其土地财产进行抵押、转让等经济行为,使得农地经营权、宅基地使用权和集体收益分配权实现市场化变现。对已经市民化的农民,在享有城镇居民社会保障和公共服务的前提下,探索其享有村集体经济组织利益分配的途径和办法。

改善城市的财税体制。给予地方更多的财税权利,提升社会保障系统等级,提升地方城市聚集力和竞争力。改变原有过度依赖土地财政的经济结构。中央应该把资源配置向中小城市和小城镇倾斜,改善基础设施,为产业发展和外来人口就业、定居创造条件。

改革城市基础设施投融资体制。在进行户籍制度改革过程中,基础设施的建设在财政支出中占有较大比重。城市应该优化资金来源,进行多元融资。一方面,建立长效、可持续的融资机制。另一方面,吸引外资和民间资本参与,通过市场竞争,提高运营效率。

附　录　新型城镇化与城乡户籍制度改革相关数据

	指标＼年份	2014	2015	2016	2017	2018	2019
新型城镇化	城镇化率(%)	54.77	56.1	57.35	58.52	59.58	60.6
	城镇登记失业率(%)	4.09	4.05	4.02	3.9	3.8	3.6
	固定资产投资增长率(%)	15.3	9.8	7.9	7	5.9	5.1
	CPI 增长率(%)	2	1.4	2	1.6	2.1	2.9
	第二、第三产业产值比重(%)	90.9	91.2	91.4	92.1	92.8	92.9
	税收增长率(元)	7.8	4.8	4.3	10.7	8.3	1
	人均 GDP(元)	47203	50251	53935	59660	64644	70774
	GDP 增长速度(%)	7.4	7	6.8	6.9	6.7	6.1
	人均公共绿地面积(平方米)	13.08	13.35	13.7	14	14.1	14.11
	建成区绿化覆盖率(%)	35.8	36.34	36.4	37.1	37.9	41.11
	单位 GDP 能耗(吨标准煤/万元)	66.12	62.73	58.61	54.29	51.54	50.2
	空气质量达标城市率(%)	9.9	21.6	24.9	29.3	35.8	46.6

续表

指标＼年份	2014	2015	2016	2017	2018	2019
城乡户籍制度改革 农村人口数（亿人）	6.19	6.03	5.90	5.77	5.64	5.52
城市人口数（亿人）	7.49	7.71	7.93	8.13	8.31	8.48
人户分离人口数（亿人）	2.98	2.94	2.92	2.91	2.86	2.80
城乡居民人均可支配收入差异（元）	18355	19773.1	21252.8	22963.8	24634	27970
城乡恩格尔系数差异（%）	3.5216	3.3205	2.9413	2.5383	2.4	2.4
住宅商品房销售面积（万平方米）	105182	112406	137540	144789	147929	150144
社区服务机构数量（万个）	2.2	2.4	2.4	2.5	2.7	2.6
基本养老保险参保人数（万人）	50107	50472	50847	51255	52392	53266
基本医疗保险参保人数（万人）	59746.9	66581.6	74391.6	117681.4	134452	135436
工伤保险参保人数（万人）	20621	21404	21887	22726	23868	25474
城镇新增就业人数（万人）	1322	1312	1314	1351	1361	1352
农民工数量（万人）	27395	27747	28171	28652	28836	29077

参 考 文 献

一、中文资料类

[1]卞玉娟:《新制度经济学理论对我国经济体制改革的启示》,对外经济贸易大学 2006 年硕士学位论文。

[2]别红暄:《新中国户籍制度的变迁与反思——基于国家建设理论的视角》,《探索》2019 年第 6 期。

[3]别红暄:《制度构建视野下新中国户籍制度研究》,《理论月刊》2018 年第 8 期。

[4]蔡昉:《刘易斯转折点与公共政策方向的转变——关于中国社会保护的若干特征性事实》,《中国社会科学》2010 年第 6 期。

[5]蔡继明、李新恺:《深化土地和户籍改革推进城乡融合发展》,《人民论坛》2019 年第 24 期。

[6]陈斌开、陆铭、钟宁桦:《户籍制约下的居民消费》,《经济研究》2010 年第 S1 期。

[7]陈斌开、林毅夫:《发展战略、城市化与中国城乡收入差距》,《中国社会科学》2013 年第 4 期。

[8]陈成文、孙中民:《二元还是一元:中国户籍制度改革的模式选择——国际经验及其启示》,《湖南师范大学社会科学学报》2005 年第 2 期。

[9]陈鹏:《新一轮户籍制度改革:进展、问题及对策》,《行政管理改革》2018年第10期。

[10]陈维涛、彭小敏:《户籍制度、就业机会与中国城乡居民收入差距》,《经济经纬》2012年第2期。

[11]陈信:《杭州主城区人口与建设用地时空耦合关系研究》,浙江大学2018年博士学位论文。

[12]陈学法:《二元结构变迁中的户籍制度与土地制度变革》,《宏观经济研究》2009年第12期。

[13]陈乙酉:《中国流动人口社会保障问题研究》,重庆大学2018年博士学位论文。

[14]陈钊、陆铭:《迈向社会和谐的城乡发展:户籍制度的影响及改革》,北京大学出版社2016年版。

[15]陈钊:《中国城乡发展的政治经济学》,《南方经济》2011年第8期。

[16]陈忠谊、李萍:《新一轮户籍制度改革公共成本测算及分担机制研究》,《辽宁行政学院学报》2017年第6期。

[17]邓曲恒、王亚柯:《农民工的工作条件与工资收入:以补偿性工资差异为视角》,《南开经济研究》2013年第6期。

[18]邓小平:《邓小平文选》第三卷,人民出版社1993年版。

[19]邓智平:《新型城镇化的关键在户籍制度改革》,《群言》2015年第2期。

[20]丁宁:《中国特色城乡关系:从二元结构到城乡融合的发展研究》,吉林大学2019年博士学位论文。

[21]丁守海:《中国城镇发展中的就业问题》,《中国社会科学》2014年第1期。

[22]丁玮、王卓:《浅谈中国户籍制度对公民身份的影响》,《经济研究导刊》2010年第19期。

[23]董昕:《中国农民工住房问题的历史与现状》,《财经问题研

究》2013 年第 1 期。

　　[24]杜金涛、杨士进:《浅析新中国户籍制度》,《福建党史月刊》2009 年第 2 期。

　　[25]杜巍、车蕾:《新型城镇化背景下农民工居住意愿与购房能力现状分析》,《当代经济管理》2019 年第 8 期。

　　[26]范红忠:《我国大城市生产和人口过度集中的原因分析》,《城市问题》2009 年第 11 期。

　　[27]范小玉:《我国农村劳动力转移现状及其发展趋势》,《调研世界》1997 年第 3 期。

　　[28]范韵、俞征鹏:《城乡社会:从隔离走向开放——中国户籍制度与户籍法研究》,《学海》2004 年第 3 期。

　　[29]冯奎、钟笃粮:《完善基本公共服务体系促进户籍制度改革》,《中共中央党校学报》2013 年第 1 期。

　　[30]甘满堂:《城市农民工与转型期中国社会的三元结构》,《福州大学学报(哲学社会科学版)》2001 年第 4 期。

　　[31]葛露霞、肖海英:《中、美、印人口管理制度比较研究》,《改革与开放》2018 年第 12 期。

　　[32]龚云平:《农民工的社会融入及其健康效应探究》,《农业经济》2019 年第 12 期。

　　[33]辜胜阻、成德宁:《户籍制度改革与人口城镇化》,《经济经纬》1998 年第 1 期。

　　[34]辜胜阻:《新型城镇化与经济转型》,科学出版社 2014 年版。

　　[35]郭东杰:《新中国 70 年:户籍制度变迁、人口流动与城乡一体化》,《浙江社会科学》2019 年第 10 期。

　　[36]郭湖斌、齐源:《基于耦合模型的长三角区域物流与区域经济协调发展研究》,《工业技术经济》2018 年第 10 期。

　　[37]郭剑雄、李志俊:《劳动力选择性转移条件下的农业发展机制》,《经济研究》2009 年第 5 期。

［38］郭英：《中国土地制度与户籍制度联动改革的对策研究》，《经济研究导刊》2011 年第 4 期。

［39］国家人口计生委课题组：《英国人口管理实践及对我国启示》，《学习时报》2012 年 1 月 9 日。

［40］韩俊：《我国农村劳动力转移的现状与特点》，《江淮论坛》1995 年第 2 期。

［41］韩立达、史敦友、韩冬、周璇、王艳西：《农村土地制度和户籍制度系统联动改革：历程演进、内在逻辑与实施路径》，《中国土地科学》2019 年第 4 期。

［42］何翠云：《户籍或不再成人才争夺"利器"》，《中华工商时报》2019 年 7 月 16 日。

［43］洪大用：《城市外来劳动人口与下岗职工就业政策环境的比较研究》，《学海》2001 年第 3 期。

［44］胡宝荣：《论户籍制度与人的城镇化》，《福建论坛（人文社会科学版）》2013 年第 12 期。

［45］胡恒钊：《新型城镇化进程中农民工随迁子女教育的现实困境与理性选择》，《农业经济》2019 年第 1 期。

［46］黄桂琴：《外国户籍法律制度比较研究及启示》，《河北法学》2012 年第 12 期。

［47］黄志岭：《社会保险参与的城乡工人户籍差异实证研究》，《财经论丛》2012 年第 4 期。

［48］接栋正：《国外民事登记制度及其对我国户籍制度改革的启示》，华东师范大学 2009 年博士学位论文。

［49］接栋正：《新一轮户籍制度改革：进展、问题及对策——以杭州为例》，《观察与思考》2019 年第 11 期。

［50］柯尊全：《中国新型城镇化制度创新研究》，武汉大学 2017 年博士学位论文。

［51］蓝海涛：《我国户籍管理制度的历史渊源及国际比较》，《人

口与经济》2000 年第 1 期。

[52]李红霞:《1949 年后的中国户籍制度变迁研究》,华南师范大学 2003 年硕士学位论文。

[53]李欢:《新型城镇化背景下户籍制度改革研究》,《合作经济与科技》2019 年第 16 期。

[54]李明欢:《20 世纪西方国际移民理论》,《厦门大学学报(哲学社会科学版)》2000 年第 4 期。

[55]李强、胡宝荣:《户籍制度改革与农民工市民化的路径》,《社会学评论》2013 年第 1 期。

[56]李拓:《基本公共服务均等化与区域城乡差距研究》,湖南大学 2017 年博士学位论文。

[57]李晓飞:《中国户籍制度变迁"内卷化"实证研究》,《广东社会科学》2013 年第 1 期。

[58]李育林、张玉强:《新型城镇化背景下的大城市户籍制度改革模式研究——基于广州、上海和重庆的比较》,《湖南广播电视大学学报》2014 年第 3 期。

[59]李育林:《新型城镇化背景下户籍制度改革的"积分制"探索——基于广东、上海的比较》,《广东广播电视大学学报》2014 年第 2 期。

[60]林小昭:《户籍制度改革与城市发展前景》,《宁波经济》(财经视点)2019 年第 8 期。

[61]凌永辉、查婷俊:《新型城镇化中的制度联动改革及其协调效应——以长三角地区为例》,《经济体制改革》2019 年第 5 期。

[62]刘波:《让户籍制度改革走向公共服务均等化的方向》,《21 世纪经济报道》2019 年 11 月 12 日。

[63]刘传江、徐建玲:《第二代农民工及其市民化研究》,《中国人口·资源与环境》2007 年第 1 期。

[64]刘春成:《新型城镇化与中国户籍制度改革》,《党政干部学

刊》2016 年第 10 期。

［65］刘春雨、刘英英、丁饶干：《福建省新型城镇化与生态环境的耦合分析》，《应用生态学报》2018 年第 9 期。

［66］刘贵山：《1949 年以来中国户籍制度演变述评》，《天津行政学院学报》2008 年第 1 期。

［67］刘欢、席鹏辉：《户籍管制与流动人口家庭化迁移——基于 2016 年流动人口监测数据的经验分析》，《经济与管理研究》2019 年第 11 期。

［68］刘火雄：《将改革进行到底》，《党史博采》（上）2019 年第 12 期。

［69］刘金伟：《新一轮户籍制度改革的政策效果、问题与对策》，《人口与社会》2018 年第 4 期。

［70］刘玲、智慧：《新型城镇化与生态环境耦合协调度的测算》，《统计与决策》2019 年第 14 期。

［71］刘彦平、田光：《习近平关于新型城镇化思想对马克思经济学的贡献》，《理论视野》2019 年第 1 期。

［72］刘语晴：《新时期我国户籍制度改革研究》，新疆大学 2017 年硕士学位论文。

［73］陆铭、陈钊：《在集聚中走向平衡：城乡和区域协调发展的"第三条道路"》，《世界经济》2008 年第 8 期。

［74］陆铭、蒋仕卿、陈钊等：《摆脱城市化的低水平均衡——制度推动、社会互动与劳动力流动》，《复旦学报（社会科学版）》2013 年第 3 期。

［75］陆铭、向宽虎、陈钊：《中国的城市化和城市体系调整：基于文献的评论》，《世界经济》2011 年第 6 期。

［76］陆铭：《空间的力量：地理、政治与城市发展》（第 2 版），格致出版社 2017 年版。

［77］陆万军：《张彬斌：户籍门槛、发展型政府与人口城镇化政

策——基于大中城市面板数据的经验研究》,《南方经济》2016 年第
2 期。

[78]陆益龙:《户籍制度控制与社会差别》,商务印书馆 2004
年版。

[79]陆益龙:《户籍制度改革与城乡关系的协调发展》,《学海》
2001 年第 6 期。

[80]陆益龙:《户口还起作用吗——户籍制度与社会分层和流
动》,《中国社会科学》2008 年第 1 期。

[81]吕云涛、惠亚婷:《论当代中国统筹城乡发展背景下户籍制度
改革的路径》,《农业考古》2012 年第 1 期。

[82]马福云:《中国户籍制度变迁及其内在逻辑》,《北京科技大
学学报(社会科学版)》2013 年第 1 期。

[83]《马克思恩格斯全集》,人民出版社 2016 年版。

[84]马瑞:《户籍制度改革的进程、现状及问题思考》,《中国集体
经济》2010 年第 3 期。

[85]马晓河、胡拥军:《一亿农业转移人口市民化的难题研究》,
《农业经济问题》2018 年第 4 期。

[86]梅建明、陈汉芳:《户籍制度对农业转移人口市民化的影响》,
《中南民族大学学报(人文社会科学版)》2019 年第 5 期。

[87]孟凡强、吴江:《中国劳动力市场中的户籍歧视与劳资关系城
乡差异》,《世界经济文汇》2014 年第 2 期。

[88]孟凡强:《劳动力市场多重分割下的城乡工资差距》,《人口
与经济》2014 年第 2 期。

[89]潘圳:《户籍制度改革:破除城乡壁垒的关键》,《社会科学
报》2019 年 11 月 14 日。

[90]钱锦:《西方学者关于移民城市适应性研究的理论综述》,
《理论界》2010 年第 3 期。

[91]钱雪亚、胡琼、苏东冉:《公共服务享有、居住证积分与农民工

市民化观察》,《中国经济问题》2017 年第 5 期。

[92]钱雪亚、张昭时、姚先国:《城镇劳动力市场城乡分割的程度与特征——基于浙江数据的经验研究》,《统计研究》2009 年第 12 期。

[93]乔明睿、钱雪亚、姚先国:《劳动力市场分割、户口与城乡就业差异》,《中国人口科学》2009 年第 1 期。

[94]乔显喆:《发展社会学视角下户籍制度改革研究》,《合作经济与科技》2019 年第 15 期。

[95]全信子:《从卢武铉回乡看韩国户籍制度》,《世界知识》2008 年第 10 期。

[96]任远:《户籍制度改革:现实困境和机制重构》,《南京社会科学》2016 年第 8 期。

[97]邵光学:《新型城镇化背景下户籍制度改革探析》,《上海经济研究》2015 年第 2 期。

[98]宋福荣:《城市流动人口与户籍人口基本公共服务均等化的途径》,《法制与社会》2019 年第 19 期。

[99]宋洪远:《加快户籍制度改革推动城乡一体化发展》,《农业现代化研究》2016 年第 6 期。

[100]孙海生:《我国户籍制度的历史嬗变及改革探析》,《党史文苑》2005 年第 3 期。

[101]孙文凯:《中国的户籍制度现状、改革阻力与对策》,《劳动经济研究》2017 年第 3 期。

[102]孙小民:《我国户籍制度改革的原则及路径选择》,《商业时代》2012 年第 7 期。

[103]孙小雨:《对刘易斯理论的两种可能的解释——兼评关于中国经济转型的争论》,《政治经济学评论》2017 年第 1 期。

[104]孙雅倩:《农民工市民化背景下的积分制改革》,《中国集体经济》2019 年第 22 期。

[105]覃静、于莉:《城郊农民户籍身份选择的影响因素及对策》,

《南都学坛》2019 年第 6 期。

[106] 谭明智：《严控与激励并存：土地增减挂钩的政策脉络及地方实施》，《中国社会科学》2014 年第 7 期。

[107] 田丰：《城市工人与农民工的收入差距研究》，《社会学研究》2010 年第 2 期。

[108] 田凯：《关于农民工的城市适应性的调查分析与思考》，《社会科学研究》1995 年第 5 期。

[109] 田明、李辰、赖德胜：《户籍制度改革与农业转移人口落户——悖论及解释》，《人口与经济》2019 年第 6 期。

[110] 汪汇、陈钊、陆铭：《户籍、社会分割与信任：来自上海的经验研究》，《世界经济》2009 年第 10 期。

[111] 王峰：《我国户籍制度改革的困境与完善途径》，《郑州大学学报（哲学社会科学版）》2013 年第 6 期。

[112] 王国新、樊玉梅：《当前我国户籍制度改革存在的问题及对策》，《新疆大学学报（哲学·人文社会科学版）》2014 年第 5 期。

[113] 王海光：《当代中国户籍制度形成与沿革的宏观分析》，《中共党史研究》2003 年第 4 期。

[114] 王俊：《新型城镇化建设背景下山东省深化户籍制度改革研究》，东北农业大学 2017 年硕士学位论文。

[115] 王磊：《论我国户籍制度的改革》，西南政法大学 2014 年硕士学位论文。

[116] 王美艳：《中国城市劳动力市场上的性别工资差异》，《经济研究》2005 年第 12 期。

[117] 王同益：《中国户籍制度改革的动力与阻力研究》，浙江大学 2016 年博士学位论文。

[118] 王伟艳：《从政策模式出发分析我国户籍制度的渐进式改革》，《法制与社会》2008 年第 4 期。

[119] 王小鲁：《中国城市化路径与城市规模的经济学分析》，《经

济研究》2010 年第 10 期。

[120]王晓斌:《新型城镇化与绿色经济耦合协调发展水平测度》,《商业经济研究》2018 年第 16 期。

[121]王亚伟:《新型城镇化建设中户籍制度改革问题研究》,山东师范大学 2015 年硕士学位论文。

[122]王垚:《劳动者户籍身份与生活满意度研究——基于微观调查数据的分析》,《城市》2019 年第 8 期。

[123]王瑜、仝志辉:《中国户籍制度及改革现状》,《中国农业大学学报(社会科学版)》2016 年第 1 期。

[124]王瑜、张俊娜、温铁军:《新中国成立以来财税改革与户籍制度的三个 10 年变迁》,《中国农业大学学报(社会科学版)》2019 年第 5 期。

[125]魏立华、丛艳国:《"自利性"户籍制度对中国城市社会空间演进的影响机制分析》,《规划师》2006 年第 6 期。

[126]魏滔:《我国户籍制度改革模式研究》,广东海洋大学 2012 年硕士学位论文。

[127]魏义方、张本波:《新一轮户籍改革应解决城乡户口权益差异——基于人口流入地和流出地公共服务的调查》,《宏观经济管理》2016 年第 7 期。

[128]文乐:《城镇化进程中的土地供给、房价与农业转移人口市民化研究》,华中科技大学 2017 年博士学位论文。

[129]吴敬琏:《当代中国经济改革》,上海远东出版社 2003 年版。

[130]吴开亚、张力:《发展主义政府与城市落户门槛:关于户籍制度改革的反思》,《社会学研究》2010 年第 6 期。

[131]吴日晖、高敏、王彬彬、刘伟方:《供给侧结构性改革背景下农民工就业转型研究》,《合作经济与科技》2019 年第 16 期。

[132]吴旋、罗建文:《新中国成立 70 年来户籍制度变革的历史逻辑与未来展望》,《宁夏社会科学》2019 年第 5 期。

［133］吴又红、李旭红:《城镇化过程中的成本与收益——基于流动人口的视角》,《现代经济探讨》2019 年第 12 期。

［134］席旭文:《新型城镇化、福利约束与市民化问题研究》,吉林大学 2017 年博士学位论文。

［135］向微:《贵州省新型城镇化与土地集约利用耦合机理研究》,重庆大学 2017 年硕士学位论文。

［136］肖海英:《日本户籍制度与居民基本台账制度及其对完善我国户籍制度的启示》,《人口研究》2013 年第 1 期。

［137］许清清、范甜甜、袁祺:《我国人口迁移政策对产业结构升级的影响研究——基于 2000—2016 年我国 31 个省的面板数据的实证检验》,《宏观质量研究》2019 年第 4 期。

［138］严新明、陈华:《新一轮户籍制度改革的社会时空分析》,《中共南京市委党校南京市行政学院学报》2002 年第 2 期。

［139］杨传开:《中国多尺度城镇化的人口集聚与动力机制》,华东师范大学 2016 年博士学位论文。

［140］杨菊华:《从隔离、选择融入到融合:流动人口社会融入问题的理论思考》,《人口研究》2009 年第 1 期。

［141］杨礼琼:《从社会保障视角审视我国户籍制度改革》,《改革与开放》2009 年第 3 期。

［142］杨莉芸:《农民工市民化的户籍制度障碍——一个制度分析框架》,《农民问题》2013 年第 1 期。

［143］杨莉芸:《农民工市民化的户籍制度障碍——一个制度分析框架》,《山东农业大学学报(社会科学版)》2013 年第 1 期。

［144］杨沫:《农业转移人口市民化研究:现实困境、福利效应以及路径选择》,东北财经大学 2017 年博士学位论文。

［145］杨秀平、张大成:《旅游经济与新型城镇化耦合协调关系研究——以兰州市为例》,《生态经济》2018 年第 8 期。

［146］姚明明:《新型城镇化进程中我国农业转移人口市民化成本

分担机制研究》,辽宁大学 2015 年博士学位论文。

[147]姚士谋、陆大道、王聪:《中国城镇化需要综合性的科学思维——探索适应中国国情的城镇化方式》,《地理研究》2011 年第 11 期。

[148]姚先国、赖普清:《中国劳资关系的城乡户籍差异》,《经济研究》2004 年第 7 期。

[149]姚洋:《户籍制度改革与城镇化若干问题研究》,《中国市场》2013 年第 31 期。

[150]叶建亮:《公共产品歧视性分配政策与城市人口控制》,《经济研究》2006 年第 11 期。

[151]尹希果、马大来:《农民和企业合作经营土地的演化博弈分析——基于不完全契约理论》,《农业技术经济》2012 年第 5 期。

[152]于刃刚:《配第—克拉克定理评述》,《经济学动态》1996 年第 8 期。

[153]俞德鹏、陈智慧、汪海军:《城乡二元社会结构与城市外来民工犯罪》,《浙江社会科学》1999 年第 2 期。

[154]俞德鹏:《现行户籍制度与城乡平等化进程》,《学习与探索》1995 年第 1 期。

[155]翟继辉:《中国城乡社会保障均等化问题研究》,东北农业大学 2016 年博士学位论文。

[156]张晨郁:《我国现行户籍制度功能定位的重新审视》,《商业时代》2009 年第 9 期。

[157]张光辉:《新型城镇化、户籍制度改革与农民工市民化研究》,《产经评论》2019 年第 5 期。

[158]张国胜、陈明明:《我国新一轮户籍制度改革的价值取向、政策评估与顶层设计》,《经济学家》2016 年第 7 期。

[159]张国胜、陈瑛:《社会成本、分摊机制与我国农民工市民化——基于政治经济学的分析框架》,《经济学家》2013 年第 1 期。

[160]张国胜、聂其辉:《乡村振兴视角下我国户籍制度的双向改革研究》,《云南民族大学学报(哲学社会科学版)》2019年第4期。

[161]张国胜:《基于社会成本考虑的农民工市民化:一个转轨中发展大国的视角与政策选择》,《中国软科学》2009年第4期。

[162]张红利:《我国传统城镇化的反思和新型城镇化的内涵要求》,《生态经济》2013年第11期。

[163]张红霞、何俊芳:《制度赋权与行动选择:新生代农民工户籍转换的行动逻辑与情境分析》,《理论月刊》2019年第12期。

[164]张坤领、刘清杰:《户籍制度竞争及其经济发展效应——基于动态空间杜宾模型的实证检验》,《中南财经政法大学学报》2019年第4期。

[165]张雷:《当代中国户籍制度改革》,中国人民公安大学出版社2009年版。

[166]张谦元、柴晓宇:《城乡二元户籍制度改革研究》,中国社会科学出版社2012年版。

[167]张士斌:《户籍制度与经济增长中的贫困陷阱》,《开放导报》2009年第1期。

[168]张松林、孙文远、郑好青:《城市便利性视角下人口迁移决策研究——新时代户籍制度改革的新框架》,《经济体制改革》2019年第5期。

[169]张文宏、雷开春:《城市新移民社会融合的结构、现状与影响因素分析》,《社会学研究》2008年第5期。

[170]张晓飞:《我国户籍法律制度的主要问题及解决》,《天津行政学院学报》2009年第6期。

[171]张引:《重庆市新型城镇化质量及其影响因素耦合研究》,西南大学2015年博士学位论文。

[172]张忠潮、刘德敏:《论传统户籍制度对农业产业化的影响》,《经济体制改革》1999年第S1期。

［173］章元、高汉：《城市二元劳动力市场对农民工的户籍与地域歧视——以上海市为例》，《中国人口科学》2011年第5期。

［174］郑功成、黄黎若莲：《中国农民工问题：理论判断与政策思路》，《中国人民大学学报》2006年第6期。

［175］支璐：《统筹城乡发展与户籍制度改革》，《法制与社会》2010年第18期。

［176］中国人口与发展研究中心课题组，桂江丰、马力、姜卫平、王钦池、张许颖、陈佳鹏、王军平：《中国人口城镇化战略研究》，《人口研究》2012年第3期。

［177］周婕：《淄博市新型城镇化与农业现代化耦合度研究》，《中国农业资源与区划》2018年第9期。

［178］朱竑、张博、马凌：《新型城镇化背景下中国流动人口研究：议题与展望》，《地理科学》2019年第1期。

［179］朱佳：《新型城镇化进程中我国户籍制度改革研究》，江苏大学2016年硕士学位论文。

［180］邹一南：《户籍制度改革的内生逻辑与政策选择》，《经济学家》2015年第4期。

［181］邹一南：《"体制内改革"还是"体制外发展"？——大城市户籍制度改革的路径选择》，《当代经济研究》2020年第1期。

［182］邹一南：《城镇化的双重失衡与户籍制度改革》，《经济理论与经济管理》2014年第2期。

［183］邹一南：《分类实施大城市非户籍人口落户的配套政策》，《宏观经济管理》2019年第11期。

［184］邹一南：《中国城镇化水平的再认识与城镇化转型——基于新增城镇人口的来源结构角度》，《东岳论丛》2016年第11期。

二、外文资料类

［1］A. P. Blaustein, *Constitutions of the Countries of the World：The*

Russian Federation Supplement, Oceana Publications, 1993.

[2] Coates D. Robert E. Goodin (ed.), "The Theory of Institutional Design", *Public Choice*, Vol.95, No.1-2, 1998.

[3] D. S. Schaible, "Life In Russia's ' Closed City ' : Moscow ' s Movement Restrictions and the Rule of Law", *The New York University Law Review*, Vol.76, No.2, 2001.

[4] Kempner R.M.W., "The German National Registration System as Means of Police Control of Population", *Journal of Criminal Law & Criminology Including the American Journal of Police Science*, Vol. 36, No.5, 1946.

[5] Lewis A., "Economic Development with Unlimited Supplies of Labour", *The Manchester School of Economic and Social Studies*, Vol. 22, No.2, 1954.

[6] Liu Z., "Institution and Inequality: the Hukou System in China", *Journal of Comparative Economics*, Vol.33, No.1, 2005.

[7] Oaxaca R. L., Ransom M. R., "On Discrimination and the Decomposition of Wage Differentials", *Journal of Econometrics*, Vol. 61, No.1, 1994.

[8] Torpey J., "Revolutions and Freedom of Movement: An Analysis of Passport Controls in the French, Russian, and Chinese Revolutions", *Theory & Society*, Vol.26, No.6, 1997.

[9] Yang Q., Guo F., "Occupational Attainments of Rural to Urban Temporary Economic Migrants in China, 1985 - 1990", *International Migration Review*, Vol.30, No.3, 1996.

[10] Zhao Y., "Causes and Consequences of Return Migration: Recent Evidence from China", *Journal of Comparative Economics*, Vol. 20, No.2, 2002.

后　记

　　户籍制度,是一项基本的国家行政制度。传统户籍制度是与土地直接联系的,以家庭为本位的人口管理方式。现代户籍制度是国家依法收集、确认、登记公民出生、死亡、亲属关系、法定地址等公民人口基本信息的法律制度,以保障公民在就业、教育、社会福利等方面的权益,以个人为本位的人口管理方式。当前新型城镇化过程中城乡户籍制度同步改革问题的重点与难点并不在于放开户籍制度对人口自由流动的约束等,突破方向应放在如何打破现有的利益格局而不造成新的社会冲突与群体对立。

　　党的十九大提出实施乡村振兴战略,为中国城乡发展战略指明了方向。新型城镇化加快发展,在这种战略背景下,亟须对关系全局、深层次的理论和实践问题进行研究。户籍制度同步改革是其中一个涉及面广的基础性问题,从历史维度、国际角度、实证验证等方面进行审视,准确把握其本质、功能以及发展演变的内在逻辑和规律,从而为新形势下的城乡户籍制度同步改革提供恰当的政策建议。

　　基于长期对新型城镇化和户籍制度改革问题的思考,2016 年我以"新型城镇化过程中城乡户籍制度同步改革问题研究"为题申报了国家社会科学基金青年项目课题而有幸获得了立项,由此便开始了本书的调研和写作,从申报、立项到写作,大约一年多时间,开展实地调研、收集数据、整理大纲、听取意见后,才正式开始进入埋头写作,由于户籍制度涉及面广、影响深远,在后期为期三年多的写作过程中,不断修改和完善,付出了大量心血。在此,特别感谢课题组成员豆小红、温魁潭、邓吉祥、高莉圆、吴静、禹航为本书的顺利完成付出的努力。

此外,感谢中共湖南省委党校的领导和同事们对本书写作的支持,并提出了不少宝贵的经验借鉴。

最后,感谢我的家人,一直默默地支持我的工作和学习,很少让我分心家中琐事,让我有时间思考和写作,鼓励我不断前行。

唐　琼

2020 年 12 月

策划编辑:郑海燕
责任编辑:孟　雪
责任校对:周晓东
封面设计:吴燕妮

图书在版编目(CIP)数据

新型城镇化过程中城乡户籍制度同步改革问题研究/唐琼 著. —
　　北京:人民出版社,2021.9
ISBN 978－7－01－023659－9

Ⅰ.①新…　　Ⅱ.①唐…　　Ⅲ.①户籍制度-体制改革-研究-中国
　　Ⅳ.①D631.42

中国版本图书馆 CIP 数据核字(2021)第 159395 号

新型城镇化过程中城乡户籍制度同步改革问题研究
XINXING CHENGZHENHUA GUOCHENG ZHONG CHENGXIANG
HUJI ZHIDU TONGBU GAIGE WENTI YANJIU

唐　琼　著

人民出版社 出版发行
(100706　北京市东城区隆福寺街 99 号)

中煤(北京)印务有限公司印刷　　新华书店经销

2021 年 9 月第 1 版　　2021 年 9 月北京第 1 次印刷
开本:710 毫米×1000 毫米 1/16　印张:16
字数:220 千字

ISBN 978－7－01－023659－9　定价:70.00 元

邮购地址 100706　北京市东城区隆福寺街 99 号
人民东方图书销售中心　电话 (010)65250042　65289539